Sagen aus Berlin

Erik Gloßmann · Christa Unzner

Sagen aus Berlin

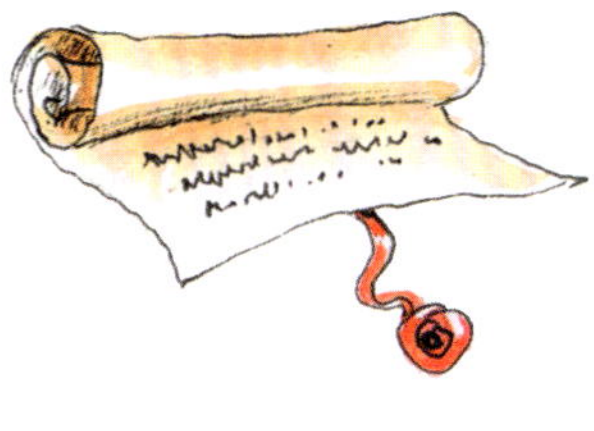

emons:

Inhaltsverzeichnis

FÜR NILS UND FELIX

Vorwort

Wenn man Sagen liest, reist man in Gedanken zurück in die Vergangenheit. Sagen sind Geschichten aus früheren Zeiten, als die meisten Menschen nicht lesen und schreiben konnten. Wenn etwas Besonderes passierte, erzählten sie es weiter. Was sie nicht verstanden, versuchten sie mit Zauberei zu erklären. Im Unterschied zu Märchen handeln Sagen aber immer auch von wirklichen Orten, Personen oder Ereignissen. Viele dieser alten Geschichten kennt man heute gar nicht mehr. Sie sind für immer vergessen und verloren, denn man begann erst im 18. Jahrhundert, Märchen und Sagen aufzuschreiben.

Für dieses Buch habe ich aus dem Sagenschatz der Orte, die heute zu der Hauptstadt Berlin gehören, die spannendsten, lustigsten und gruseligsten ausgewählt und nacherzählt. Manchmal habe ich etwas dazugeschrieben, weil man heute gar nicht mehr weiß, wer bestimmte Personen waren und wo sich die alten Gebäude befanden. Berlin hat sich nämlich immer wieder verändert – weil die Stadt wuchs, weil man neu und besser bauen wollte, weil Brände Teile der Stadt vernichteten oder weil man breitere Straßen benötigte. Im Zweiten Weltkrieg wurde Berlin so stark zerstört, dass ganze Viertel abgerissen werden mussten.

Zu allen Sagen gibt es in diesem Buch einen Abschnitt, der die wahren Hintergründe in der Vergangenheit erklärt. Du kannst dann selbst überlegen, was tatsächlich passiert sein könnte und was erfunden wurde – ein wahrer Kern steckt nämlich immer darin. Da die Sagen in zeitlicher Abfolge erzählt werden, nehmen sie dich auch gleichzeitig mit auf eine Reise durch die Geschichte Berlins. Vor allem aber erfährst du etwas darüber, wie Menschen früher dachten, wie sie miteinander umgingen, was sie bewegte und was sie für so wichtig hielten, dass sie es weitersagten und schließlich aufschrieben.

Viel Spaß beim Lesen!

Erik Gloßmann

Kleine Stadtgeschichte

Berlin ist etwa 1180 entstanden. Der Name hat nichts mit einem Bären, auch nicht mit dem „der Bär“ genannten Markgrafen Albrecht, zu tun, sondern geht auf das slawische Wort „Brlo“ zurück, das eine trockene Stelle in einem Sumpf bezeichnet. Berlin lag an einer Furt durch die Spree, auf der anderen Seite gab es schon eine slawische Fischersiedlung namens Cölln. Beide Ortschaften, Berlin und Cölln, bekamen etwa zur selben Zeit das Stadtrecht, sie wurden 1244 beziehungsweise 1237 erstmals in Urkunden erwähnt. Wappentier Berlins war zunächst der Adler von Brandenburg. Erst 1280 wurde er durch den bekannten Berliner Bären ausgetauscht. 1307 bauten Berlin und Cölln ein gemeinsames Rathaus, 1432 vereinten sich beide Städte.

Lange Zeit war Berlin eine kleine, unbedeutende Stadt, in der nicht viel Merkenswertes geschah. Der älteste Teil Berlins ist die Gegend um die Nikolaikirche. Ebenso alt sind heutige Stadtteile wie Köpenick, Spandau oder Stralau. In diesen Orten wohnten damals weniger Menschen als heute in einem einzigen Hochhaus in Marzahn oder im Märkischen Viertel.

1486 wurde Berlin Residenzstadt, das heißt, die Kurfürsten der Mark Brandenburg und später die preußischen Könige regierten vom Berliner Schloss aus ihr Reich. Deshalb handeln viele Sagen auch von diesen Herrschern und den Menschen, die mit ihnen zu tun hatten, und weniger von Naturereignissen oder Landschaften. Als 1871 das Deutsche Reich gegründet und der Preußenkönig Kaiser wurde, machte man Berlin zur Hauptstadt für das ganze Land. So richtig groß wurde Berlin erst, als die preußische Landesversammlung 1920 beschloss, die Städte Berlin, Charlottenburg, Lichtenberg, Köpenick, Neukölln, Schöneberg, Spandau und Wilmersdorf sowie 59 Landgemeinden und 27 Gutsbezirke zu vereinen. Mit fast vier Millionen Einwohnern war Berlin damals die drittgrößte, der Fläche nach sogar die größte Stadt der Welt. Das heißt, Berlin ist aus acht Städten und 86 Dörfern entstanden, die alle ihre Sagen und Geschichten mitgebracht haben.

Köpenick

Wie Köpenick seinen Namen bekam

Am Müggelsee warf einst ein alter Fischer seine Netze aus. Da kam ein großer Krebs zu ihm und sagte: »Ich werde dir Glück bringen und dich reich machen, wenn du mich in den ersten Ort trägst, der jenseits der Spree liegt.« Der Fischer nahm den Krebs und lief los, doch das schwere Tier machte ihm zu schaffen. Also beschloss er, den Krebs gleich in dem Dorf bei der großen Burg an der Spree zu verkaufen. Die Leute staunten über das große Tier, und bald fand sich auch ein Käufer. Als er seinen Geldbeutel hervorholte, rief der Krebs plötzlich: »Köp nich, köp nich!« Die Leute erschraken, aber der alte Fischer erinnerte sich nun daran, was er dem Tier versprochen hatte. Er packte den Krebs und ging weiter, ließ sich von einem anderen Fischer über die Spree bringen und kam schließlich nach Stralow (dem heutigen Stralau). Dort verkaufte er den Krebs für viel Geld. Die Leute bei der Burg aber vergaßen den sprechenden Krebs nicht, der »köp nich« gerufen hatte – »kauf nicht«. Zur Erinnerung nannten sie ihr Dorf Köpenick.

FAKTEN: Bevor Berlin gegründet wurde, gab es in der Gegend, die heute zum Berliner Stadtgebiet gehört, bereits slawische Siedlungen. Eine davon war Copnic (Köpenick). Das Dorf gehörte zu der Hauptburg eines dieser slawischen Stämme, der Spreewanen, die sich auf einem Hügel erhob. Copnic bedeutet nichts anderes als Inselort – ja, es stimmt, die heutige Köpenicker Altstadt liegt auf einer Insel. Copenic wurde 1210 erstmals in einer Urkunde erwähnt und 1232 zur Stadt erklärt. Heute ist Köpenick ein Stadtteil von Berlin.

Die Gründung von Berlin

Albrecht der Bär war einmal auf der Jagd weit nach Osten vorgedrungen, in das Gebiet der feindlichen Spreewanen. Als es dunkel wurde, merkte er, dass er sich ganz allein in einem Wald voller Sümpfe befand. Er rief nach seinen Begleitern, doch die hatten sich wohl ebenfalls verirrt. Der Boden war so sumpfig, dass er nicht einmal einen Schlafplatz fand. Als er weiter umherirrte, sah er plötzlich ein Licht durch die Bäume schimmern. Vorsichtig ritt er

weiter, bis er an jenen Fluss kam, den wir heute Spree nennen. Dort stand auf einem Hügel eine hölzerne slawische Burg. Zum Umkehren war es zu spät; man hatte ihn bereits bemerkt. Es blieb Albrecht nichts anderes übrig, als bei seinem Feind um ein Nachtlager zu bitten. Er wusste aber, dass die Slawen das Gastrecht achteten und einem Besucher, der in friedlicher Absicht kam, nie etwas tun würden.

Albrecht wurde in das Haus gebeten und erfuhr, dass es dem Fürsten Istralowe gehörte. Er bekam etwas zu essen und zu trinken, dann setzte sich der Burgherr zu ihm, und sie kamen ins Gespräch. Die ganze Nacht unterhielten sie sich über Gott und die Welt – über das Leben, den Tod und was danach kommt. Am Morgen hatte Albrecht es geschafft: Istralowe erklärte, er werde sich von seinem Gott, dem dreiköpfigen Triglaw, abwenden. In Zukunft würde er zu dem Gott der Christen beten. Außerdem wollte er Albrecht als Markgrafen anerkennen und nicht mehr gegen ihn kämpfen.

So hatte Albrecht durch sein Gespräch ein Reich erobert. Aus Freude darüber beschloss er, in der Nähe eine Stadt zu gründen, die nach seinem Beinamen Bärlin genannt wurde.

FAKTEN: Albrecht der Bär (etwa 1100–1170) aus dem Geschlecht der Askanier hieß eigentlich Albrecht von Ballenstedt. Schon in jungen Jahren strebte er danach, Gebiete östlich der Elbe zu erobern. Doch erst 1157 schaffte er es, die Mark Brandenburg zu gründen und Markgraf zu werden. Obwohl ihre Anführer nach und nach zum Christentum übertraten, blieben viele Slawen ihren alten Göttern treu. Sie wehrten sich noch über hundert Jahre gegen die Eindringlinge aus dem Westen. Einen Istralowe mag es wirklich gegeben haben – in dem Namen steckt Stralow (heute Stralau). Dort stand die westlichste Burg der Spreewanen.

Schildhorn

Größter Gegner Albrechts des Bären war der Fürst der Spreewanen: Jaxa von Köpenick. Im Frühjahr 1157 gelang es Jaxa, die Brandenburg zu erobern, Albrechts wichtigsten Stützpunkt. Doch im Juni holte sich Albrecht die Burg zurück. Es kam zu einer Schlacht, die Jaxa verlor. Er musste ganz allein fliehen; Albrecht und zwei Ritter verfolgten ihn. Jaxa erreichte die Havel nördlich des Gebiets, wo später das Dorf Gatow gegründet wurde. Dort ist der Fluss besonders breit, doch Jaxa hatte keine Zeit zum Nachdenken. »Triglaw, hilf!« Mit diesem Ruf an seinen Gott stürzte er sich in die Fluten. Die Strömung war allzu stark; das Pferd verlor schnell den Boden unten den Hufen. Es geriet in einen Strudel, und Jaxa merkte, dass das Ende nahte. Da rief er den Gott der Christen an und versprach, ihm von nun an treu zu sein, wenn er ihn vor dem Tod bewahre. Dabei hob er seinen Schild über den Kopf – da war es, als würde eine göttliche Hand danach greifen und ihn über Wasser halten. Auch das Pferd schien neue Kräfte zu gewinnen; es schwamm um sein Leben. Jaxa erreichte das gegenüberliegende Ufer, wo sich eine Landzunge in die Havel hineinschob. Albrecht und seine Ritter wagten nicht, ihm zu folgen. Zum Andenken an seine Rettung hängte Jaxa Schild und Horn an einen Baum. Seitdem heißt die Landzunge südlich von Pichelsdorf Schildhorn.

FAKTEN: Die Schlacht um die Brandenburg hat wirklich stattgefunden: Durch seinen Sieg wurde Albrecht endgültig zum Markgrafen. Jaxas Flucht gehört dagegen ins Reich der Sagen, denn die Besiegten ließ man nach den Kämpfen frei. Jaxa von Köpenick (Jaczo de Copnic, etwa 1125–1176) war ein bedeutender slawischer Fürst, der versuchte, das Vordringen der Deutschen zu verhindern. An ihn erinnert ein Denkmal auf dem Schildhorn. Auch den Jaczo-Turm in Spandau hat man ihm gewidmet.

Die verzauberte Königstochter

In den Müggelbergen und am Müggelsee ließ sich früher manchmal eine wunderschöne junge Frau sehen. Meistens trug sie einfache Kleider, manchmal aber auch fürstliche Gewänder. Man sagte, sie sei eine Tochter des böhmischen Königs Ottokar. Ihr Vater soll sie verstoßen und verflucht haben, sodass sie im Müggelsee fern ihrer Heimat gefangen war. Vom Tag ihrer Verzauberung an durfte sie sich dreimal alle sieben Jahre in Gestalt einer Seejungfrau um Mitternacht zeigen. Sie saß dann am Ufer auf einem Stein oder streifte durch die Müggelberge. Jedes Mal flehte sie einen Mann an, sie aus dem Bann zu befreien. Zum Lohn versprach sie ihm einen Goldschatz. Dazu musste der Furchtlose sie auf dem Rücken dreimal um die Köpenicker Hilbertskirche tragen. Er durfte sich dabei aber keinesfalls umdrehen. Nun sollte man meinen, es wäre nicht so schwer, ein schlankes junges Mädchen huckepack zu nehmen und dreimal um eine kleine Kirche zu tragen. Das Problem war aber, dass die verwunschene Königstochter und der Schatz von einem schwarzen Wassermann bewacht wurden. Und dieser Geist ließ sich immer etwas Neues einfallen.

Einmal versuchte ein mutiger fremder Ritter sein Glück. Er hatte die Kirche mit der Jungfrau auf dem Rücken bereits einmal umrundet, da zauberte der Wassermann riesige Schlangen und fette Kröten mit feurigen Augen herbei. Der Ritter ließ das Mädchen fallen und nahm schreiend Reißaus.

Ein andermal sprach das Mädchen einen Bauern an, der wollte es versuchen. Er schaffte es zweimal um die Kirche – da fuhr plötzlich ein großer, mit Heu beladener Wagen an ihm vorbei. Und was sah der Bauer? Der Wagen wurde von vier winzigen Mäusen gezogen! Er war so verblüfft, dass er der seltsamen Erscheinung hinterherschaute. Doch da war der Spuk schon verschwunden – und ebenso das Mädchen.

Auch ein Fischer aus Köpenick ist der verzauberten Königstochter einmal begegnet. Er war lange draußen auf dem Müggelsee gewesen, hatte aber nichts gefangen. So war es spät in der Nacht, als

er endlich zurückruderte. Am Ufer saß auf einem großen Stein, den man Prinzessinnenstein nannte, eine wunderschöne Jungfrau. An dieser Stelle soll einst ein Schloss gestanden haben. Das Mädchen bat den Fischer, sie dreimal um die Hilbertskirche zu tragen; er würde dafür reich belohnt werden.

Der Fischer nahm das Mädchen auf den Rücken und ging nach Köpenick. Als er einmal um die Kirche gelaufen war, wurde seine Last plötzlich unerträglich schwer. Er keuchte, schaffte es aber ein zweites Mal und machte sich unter großer Anstrengung an die dritte Runde. Plötzlich sah er einen roten Schein am Himmel – genau aus der Richtung seiner Fischerhütte, wo Frau und Kinder schliefen! Ein Feuer, es brennt, schoss es ihm durch den Kopf. Er ließ die Königstochter fallen und rannte zu seiner Behausung.

Seitdem hat niemand mehr die traurige Prinzessin gesehen. Nur der schwarze Wassergeist soll manchmal noch in den Müggelbergen sein Unwesen treiben.

FAKTEN: Was ist wahr an dieser Sage? Köpenick ist heute ein Stadtteil von Berlin und der Müggelsee, früher Miggelsee genannt, der größte der Berliner Seen. Auch eine Kirche hat Köpenick immer gehabt. In alten Zeiten mag man am Müggelufer einen Prinzessinnenstein gekannt haben. Aber was hat es mit der schönen Jungfrau auf sich? Ihr Name wird zwar nicht genannt, wohl aber der ihres Vaters. Es gab tatsächlich zwei böhmische Könige, die Ottokar hießen. Aus alten Büchern weiß man, dass Ottokar II. (1232–1278) sechs Töchter hatte, die alle verheiratet waren. Er kommt also nicht in Frage.

Ottokar I. (1155–1230) war zweimal verheiratet, zuerst mit Adelheid von Meißen, dann mit Konstanze von Ungarn. Mit seiner zweiten Frau hatte er vier Töchter, deren Lebenswege bekannt sind. Aber jetzt wird es interessant: Mit Adelheid, seiner ersten Frau, die er 1203 verstoßen hat, soll Ottokar drei – oder vier! – Töchter gehabt haben. Niemand weiß, was aus Hedvika, so soll die vierte Tochter geheißen haben, geworden ist. Wurde sie geboren, als ihr Vater schon mit seiner zweiten Frau zusammen war, und darum an den See verbannt? Vielleicht hat die Sage aus Hedvika die Seejungfrau vom Müggelsee gemacht.

Hexen in der Tegeler Mühle

Der Tegeler Müller hatte eine wunderschöne Tochter, die noch keinem Mann versprochen war. Es gab aber eine Bedingung: Wer sie heiratete, musste auch die Mühle übernehmen, denn der alte Meister wollte sich zur Ruhe setzen. Wenn ein Freier kam, durfte er die hübsche Müllerstochter kurz sehen – für eine Unterhaltung aber blieb keine Zeit, denn in der Mühle wurde tagsüber hart gearbeitet. Dann musste er warten, bis am Abend der Müller sagte: »Nun herrscht Ruhe, nun hast du die ganze Nacht Zeit, dich mit dem Mahlwerk vertraut zu machen.« Damit ließ er den Freier allein, doch wenn er am Morgen zurückkam, war niemand mehr da. Es verschwanden so viele junge Männer, dass man in der Gegend schon zu tuscheln begann. Schließlich wagte sich keiner mehr in die Nähe der Mühle.

Eines Tages kam von weit her ein Müllergeselle. Er hörte nicht auf die Warnungen, lief zur Mühle und verliebte sich sofort in das schöne Mädchen. Am Abend schickte ihn der Müller in die Mühle und schloss hinter ihm ab. Der Geselle wartete und schaute sich im Kerzenschein alles an, die Achsen und Räder, die leeren und vollen Säcke. Als es Mitternacht schlug, krochen drei schwarze Katzen unter den Säcken hervor. Sie sprangen auf den großen Mahlstein und begannen, ihn wie rasend zu drehen. Der Geselle sah ihnen staunend zu und erschrak, denn die drei struppigen Tiere mit den gelb leuchtenden Augen wurden immer größer. Er bekam auch Angst – aber nicht um sich selbst, sondern um die Mühle, die ihm ja einmal gehören sollte. Es knarrte und ächzte im Gebälk, als würde alles gleich einstürzen. Kurz entschlossen nahm er ein Beil, das in einem Brett steckte, schwang es und schlug der größten Katze eine Vorderpfote ab. Fauchend und jaulend stoben die Tiere davon. Der Müllergeselle hob die Pfote vom Boden auf – da verwandelte sie sich in eine Menschenhand! An einem Finger steckte ein Ring, der wie eine Schlange aussah. Er steckte die Hand in die Tasche und legte sich auf den leeren Säcken schlafen.

Am nächsten Morgen freuten sich der Müller und seine Tochter, dass endlich ein Mann in der Mühle geblieben war. Die Arbeit hatte gerade begonnen, da kam die Nachricht aus dem Dorf, dass eine alte Frau im Sterben liege. Der Geselle dachte an die Hand in seiner Tasche. Er erklärte, er habe nicht nur das Handwerk eines Müllers erlernt, sondern sei auch bei einem heilkundigen Mann in die Lehre gegangen.

Man führte ihn zu der Kranken, die bis obenhin zugedeckt war, und er sagte: »Reich mir deine rechte Hand.« Aber sie gab ihm die linke. »Nein«, forderte er, »es muss die rechte sein!« Doch die Alte weigerte sich. Da zeigte er ihr die abgeschlagene Hand mit dem Schlangenring, und nun gestand die Frau jammernd, eine Hexe zu sein. Kurz darauf starb sie.

Der Geselle aber heiratete die schöne Müllerstochter. Der alte Meister setzte sich zur Ruhe, und die Tegeler Mühle wurde nie wieder von einem Spuk heimgesucht.

FAKTEN: Die Wassermühle am Tegeler Fließ wurde erstmals 1361 in einer Urkunde erwähnt. Ab 1848 wurde sie mit Dampfkraft angetrieben und beträchtlich erweitert. Wo einst die alte Mühle stand, befindet sich heute eine Klinik: der Medical Park Berlin Humboldtmühle.

Der Kobold an der Dahme

In einem alten Haus an der Dahme wohnte einst ein Mann zusammen mit einem Kobold, der ihm bei der Hausarbeit half. Er holte Wasser aus dem Brunnen und streute Stroh aus, auf dem die Fischer aus der Gegend schliefen, bevor sie ganz früh am Morgen zum Fang hinausfuhren.

Der Kobold war ein fleißiger kleiner Kerl, doch er hatte einige Marotten. So achtete er sehr auf Ordnung: Wenn die Männer schliefen, zog er an ihren Beinen, bis alle Füße in einer Linie lagen. Dann besah er sein Werk, doch nun lagen die Köpfe auf verschiedener Höhe. Er sprang über die Schlafenden hinweg und brachte diesmal die Köpfe auf eine Linie. Doch jetzt sah er, dass die Füße wieder in Unordnung geraten waren. Also ging das Ganze wieder von vorn los. Kein Wunder, dass sich die Fischer am Morgen beschwerten, sie hätten so schlecht geschlafen. Sie hatten den Kobold im Dunkeln nicht sehen können. Deshalb glaubten sie, der Hausherr triebe seinen Schabernack mit ihnen, und drohten ihm Prügel an. So ging es jedes Mal, bevor die Männer zum Fischfang hinausruderten.

Der Besitzer des alten Fischerhauses versuchte alles, um den Kobold loszuwerden, doch vergebens. Endlich beschloss er, selbst heimlich fortzuziehen und anderswo sein Glück zu suchen. Am Abend vor seinem Auszug ging er über den Hof, da sah er den Kobold auf dem Brunnen sitzen. »Was machst du da?«, fragte er ihn.

»Ach«, antwortete der Kobold, »ich wasche mein Hemd, morgen gehen wir doch fort!« Da wusste der Mann, dass er den Kobold nicht loswerden konnte und bis an sein Ende in dem einsamen Fischerhaus an der Dahme bleiben musste.

FAKTEN: Einige Kilometer bevor die Dahme bei der Köpenicker Altstadt in die Spree mündet, ist sie so breit, dass man kaum glaubt, an einem Flussufer zu stehen. Deshalb wird das Gewässer auch Langer See genannt. Dort, südlich der Müggelberge, hat früher ein einsames Fischerhaus gestanden – vielleicht da, wo 1915 das Strandbad Wendenschloss eröffnet wurde. Ob dort tatsächlich einmal ein Kobold die Fischer geärgert hat?

Kirchenbau und Teufelswerk

Die Nikolaikirche war für die Stadt Berlin, die immer größer wurde, zu klein geworden. Deshalb beschloss man, am Neuen Markt die Marienkirche zu bauen, die natürlich größer und schöner werden sollte. Der Baumeister zerbrach sich den Kopf darüber, wie er das schaffen sollte – da erschien ihm der Teufel und versprach, die schönste Kirche zu bauen, die man sich vorstellen könne. Als Lohn forderte er die Seele des Baumeisters. Und so geschah es: Der Teufel baute die herrlichste Kirche von Berlin. Als sie fertig war, stieg der Baumeister auf den Turm und schaute sich das Ergebnis an. Die Kirche war so schön, dass er vor Freude die Hände faltete und aus tiefstem Herzen ein Dankgebet sprach.

Der Teufel, der schon hinter ihm lauerte, um ihn durch die Lüfte davonzutragen, hörte dies. Er wurde sehr wütend, denn in dem Moment, als der Baumeister Gott anrief, hatte er die Macht über den Menschen verloren. Aber eines konnte er noch tun: den Baumeister vom Turm hinab in den Tod stürzen. Doch da geschah ein Wunder – ein Windstoß fuhr unter den weiten Mantel des Baumeisters und blähte ihn auf. So segelte er ganz langsam zur Erde und konnte unbeschadet landen.

FAKTEN: Die Berliner Marienkirche wurde um 1270 gebaut und 1292 erstmals als Pfarrkirche erwähnt. Der Turm entstand um das Jahr 1400. Da nicht überliefert ist, wer der oder die Baumeister waren, kann man diese teuflische Geschichte weder bestätigen noch widerlegen. Ganz sicher war aber der Baumeister der Marienkirche nicht der Erfinder des Fallschirms.

Der fliegende Chorschüler

Es waren einmal drei Chorschüler, die sangen in der Marienkirche gern und laut das Lob Gottes. Ansonsten waren sie ganz normale Jungen und launigen Streichen nicht abgeneigt. Eines Tages kamen sie auf die Idee, am Kirchturm aus den Nestern der Dohlen, die dort brüteten, Eier zu stehlen. Sie stiegen den Turm hinauf und schoben ein Brett durch eine Luke. Zwei setzten sich drinnen darauf, der Dritte kroch hinaus und sammelte die Eier in einen Korb. Dabei besprachen sie, wie sie die Beute teilen wollten.

»Jeder zu gleichen Teilen«, meinten die beiden Jungen, die drinnen saßen.

»Ich bekomme die Hälfte«, forderte der Dritte, »denn was ich hier draußen tue, ist viel gefährlicher.«

»Wenn wir hier nicht säßen, würdest du hinunterfallen. Also sind wir genauso wichtig«, gaben die beiden zu bedenken.

»Ihr sitzt nur herum! Ich bekomme die Hälfte – und kein Ei weniger«, rief der Junge, der die Nester plünderte.

»Wir können ja aufstehen und gehen«, erwiderten die beiden.

»Das wagt ihr nicht«, kam es von draußen.

»Wetten, dass?!«, schrien die beiden von drinnen und sprangen auf.

Das Brett kippte, und der Junge stürzte samt Eierkorb in die Tiefe. Doch er hatte sein Chorhemd an, das durch den Wind aufgeblasen wurde, sodass er wie ein Engel zu Boden schwebte.

FAKTEN: Auch diese Sage handelt von einem Sturz vom Turm der Berliner Marienkirche, der auf wunderbare Weise abgefangen wurde. Hier ist der Grund ein Streit um die Eier der Dohlen. Die Rabenvögel brüten gern in Höhlen und suchten sich für ihre Nester die Winkel und Nischen hoch oben im Kirchturm aus. Und Schüler hatten wohl schon zu allen Zeiten eine Vorliebe für waghalsige Abenteuer.

Die schwarzen Brüder

Am Ende des 13. Jahrhunderts lebten in Berlin vier Brüder, die waren so eng miteinander verbunden, dass sie alles gemeinsam unternahmen. Sie wohnten im selben Haus, aßen und tranken zusammen, und wenn sie ausritten, saßen sie alle auf demselben großen, starken Pferd. Außerdem glaubten sie fest an Gott und daran, dass man auf der Welt nur Gutes tun soll.

Solche Menschen sind dem Teufel nicht angenehm, deshalb versuchte er, die vier Brüder gegeneinander aufzubringen.

Er verwandelte sich in ein wunderschönes Mädchen, klopfte an die Tür des Hauses, in dem die vier Männer wohnten, und fragte: »Kann ein armes Mädchen hier sein täglich Brot verdienen?« Den Brüdern gefiel, was sie sahen, und sie ließen die Besucherin für sich kochen und putzen. Insgeheim aber verliebten sich alle vier in das Mädchen. Sie machte jedem von ihnen schöne Augen, doch so, dass sie es untereinander nicht merkten. Jeder Bruder glaubte, ganz allein ihr Freund zu sein.

Nun wollte der Teufel seinen Plan vollenden. Als Mädchen verabredete er sich mit allen vier Brüdern zur selben Zeit am selben Ort. Dort sollten sich die überraschten eifersüchtigen Männer um die Geliebte prügeln und sich gegenseitig die Schädel einschlagen. Dabei würden sie schimpfen und vielleicht sogar fluchen. Er lachte sich schon bei dem Gedanken daran ins Fäustchen.

Als die Stunde geschlagen hatte, war der Teufel aber so voller Vorfreude, dass er einen Moment zu spät in die Gestalt des Mädchens schlüpfte. So entdeckten die Brüder den Schwindel. Statt übereinander herzufallen, reichten sie sich die Hände und versprachen, in Zukunft noch mehr zusammenzuhalten und einander zu vertrauen. Sie schworen, nie zu heiraten und allen Versuchungen der Welt zu widerstehen. Von nun an kleideten sie sich nur noch schwarz und gründeten das »Kloster der Schwarzen Brüder«. Seitdem hieß die Straße, die von der Petrikirche nach Norden führt, Brüderstraße.

FAKTEN: Die vier tugendhaften Brüder hat es wohl nicht gegeben, aber 1297 wurde in Berlin tatsächlich ein Kloster gegründet. Da die Mönche schwarze Kutten trugen, wurden sie Schwarze Brüder genannt. Daher kommt wahrscheinlich der Name der Straße. Die Petrikirche, das in der ersten Hälfte des 13. Jahrhunderts erbaute älteste Gotteshaus Cöllns, wurde 1945 durch Bomben zerstört und später abgetragen. Ähnlich erging es den meisten alten Häusern der Brüderstraße. Es sind nur noch zwei barocke Bürgerhäuser aus dem 17. Jahrhundert erhalten: das Galgenhaus und das Nicolaihaus.

Die Weiße Frau der Hohenzollern

Albrecht von Hohenzollern, den man auch Albrecht den Schönen nannte, war im 14. Jahrhundert Burggraf von Nürnberg. In diesen Mann verliebte sich Kunigunde, die Witwe des Grafen Otto VI. von Orlamünde.

Eines Tages gestand sie Albrecht ihre Liebe und schaute ihm dabei flehend in die Augen. Er merkte, dass Kunigunde auf einen

Heiratsantrag wartete, und sagte: »Wir könnten ein Paar werden, wenn vier Augen nicht wären.« Die Gräfin überlegte: Ihre beiden Kinder, ein Junge und ein Mädchen, würden einmal die reiche Grafschaft Orlamünde erben. Albrecht aber hätte nichts davon, falls er sie heiratete. Die Kinder also standen ihrer Liebe im Weg, darum mussten sie weg! Die Gräfin gab dem Jäger Hayder Geld und beauftragte ihn, die Kinder zu töten.

Hayder führte die Geschwister in den Wald. Als sie merkten, in welcher Gefahr sie schwebten, bat der Junge: »Lieber Hayder, lass mich leben, ich will dir Orlamünde geben.« Und das kleine Mädchen sprach: »Lieber Hayder, lass mich leben, ich will dir meine Puppen geben!« Doch der Jäger war unerbittlich und tötete beide.

Als dies geschehen war, zog Kunigunde ein weißes Kleid an und eilte zum schönen Albrecht. Sie erzählte ihm, was sie befohlen hatte, und erwartete, dass er sie nun zur Frau nehmen würde. Albrecht jedoch wurde totenbleich. Mit den vier Augen, die ihrer Verbindung entgegenstanden, hatte er seine Eltern gemeint! Denn diese hätten der Heirat niemals zugestimmt. Entsetzt über Kunigundes Verbrechen befahl er, die schreckliche Frau und ihren Helfer festzunehmen und in den Kerker zu werfen.

Kunigunde starb im Gefängnis, doch ihre Seele konnte keine Ruhe finden. Nach ihrem Tod spukte ihr Geist als Weiße Frau in der Burg von Orlamünde. Als die Hohenzollern nach Brandenburg zogen, wandelte die Weiße Frau durchs Berliner Schloss. Sie war den Hohenzollern bis nach Berlin gefolgt, denn wegen einem von ihnen hatte sie ihre schlimme Tat begangen.

FAKTEN: Bevor die Hohenzollern Kurfürsten der Mark Brandenburg wurden, lebten sie in Süddeutschland, dem Schauplatz dieser Geschichte. Sie ist besonders grausam – aber zum Glück nicht wahr, denn man weiß, dass Kunigunde von Orlamünde (etwa 1303–1382) gar keine Kinder hatte. Wenn sie aber nicht infrage kam, wer spukte dann im Berliner Schloss?

Höllischer Besuch in der Spandauer Kirche

Früher mussten die Kinder armer Leute schon früh zum Unterhalt der Familie beitragen. So sangen die Jungen in einem Chor, der von Haus zu Haus zog und um kleine Spenden bat. Sie wurden Kurrendeknaben genannt.

In der Zeit vor der Reformation gehörte es zu den Aufgaben dieser Knaben, in der damals katholischen Pfarrkirche Sankt Nikolai zu fegen und Staub zu wischen. Dabei entdeckten sie eines Tages zwei dicke, mit Ketten befestigte Bücher, das sechste und siebente Buch Mose. Die Jungen wussten, dass diese geheimnisvollen Bücher in der Bibel fehlten, und wurden sehr neugierig. Doch als sie zu lesen begannen, erhob sich ein unheimliches Brausen. Grauenhafte Spukgestalten stiegen aus den Schatten heraus und flogen zur Decke hinauf.

Die Kurrendeknaben waren vor Schreck wie gelähmt, dann riefen sie laut um Hilfe. Als das der Pfarrer hörte, rannte er herbei. Er begriff, was die Jungen angerichtet hatten, und begann, die Bücher rückwärts zu lesen.

Da stöhnten die Gespenster wie unter Schmerzen, wurden blasser und verschwanden. Nach kurzer Zeit war der ganze Spuk vorbei. Die Kurrendeknaben aber zitterten noch immer vor Angst; der Pfarrer musste sie alle nach Hause bringen. Die Bücher Mose aber wurden sorgfältig versteckt und wurden seither nicht wieder gefunden.

Einige Jahre später, als diese Jungen schon erwachsen waren, wurden wieder einmal Kurrendeknaben dazu bestimmt, die Nikolai-Kirche zu reinigen. Aber die hatten dazu überhaupt keine Lust; viel lieber unterhielten sie sich und spielten Karten. Das machte ihnen besonders viel Spaß, weil es in der Kirche verboten war. Als sie gerade eifrig dabei waren, trat ein fremder, ganz in Schwarz gekleideter Mann ein, der einen großen Hut trug. Er schaute eine Weile zu und fragte dann, ob er mitspielen dürfe. Dabei zog er dreißig silberne Geldstücke aus einem Beutel. Die

Jungen, die nur um kleine Kupfermünzen gespielt hatten, bekamen glänzende Augen und rückten zusammen.

Anfangs gewannen sie, und bald lag vor jedem ein kleiner Schatz. Doch dann wendete sich das Blatt, wie man so schön sagt. Der Fremde gewann ein ums andere Mal und hatte den Kurrendeknaben fast alle Münzen abgenommen.

Die Jungen glaubten, der Fremde würde sie betrügen, und spielten verbissen weiter. Einer von ihnen war so aufgeregt, dass er rief: »Wenn ich noch mehr verliere, soll mich der Teufel holen!«

»So soll es sein«, erwiderte der Mann und warf seine letzte Karte in die Mitte. Wieder hatte er gewonnen!

Dann ging alles ganz schnell: Der Fremde hob den Kopf, und die Kinder schauten in seine höllisch glühenden Augen. Er lachte schallend, packte den Jungen, der ihn gerufen hatte, und raste mit ihm durch die Luft davon. Es stank nach Schwefel, und die Knaben erwarteten, dass der Teufel gegen die Wand krachen und zu Boden stürzen würde. Doch das Mauerwerk der Kirche öffnete sich, und der Herr der Hölle flog mit seinem Opfer davon. Den Knaben hat man nie wieder gesehen.

FAKTEN: Die Sankt-Nikolai-Kirche in Spandau wurde im 14. Jahrhundert erbaut und soll sogar etwas älter sein als die gleichnamige Kirche in Berlin-Mitte. Sie ist dem heiligen Bischof Nikolaus von Myra geweiht, aus dem die Sage jenen Nikolaus gemacht hat, der uns am 6. Dezember immer kleine Geschenke in die Schuhe steckt. Die Nikolai-Kirche wurde vor allem dadurch bekannt, dass Kurfürst Joachim II. hier zum evangelischen Glauben übertrat. Das war der Beginn einer umfassenden kirchlichen Veränderung in der Mark Brandenburg – der Reformation.

Früher war es durchaus üblich, wertvolle Bücher in Kirchen mit Ketten zu befestigen, um sie vor Diebstahl zu schützen. Die ersten fünf Bücher des Propheten Moses gehören zur Bibel – ob es ein sechstes und siebentes Buch je gegeben hat, ist nicht sicher. Es gab immer wieder Sammlungen von Zaubersprüchen, die Moses zugeschrieben wurden; die meisten wurden als Fälschungen entlarvt.

Kurrendesänger treten heute vor allem in der Adventszeit auf Plätzen und Weihnachtsmärkten auf. Ob sie an den Teufel glauben? Wohl eher nicht. Im Mauerwerk der Spandauer Nikolai-Kirche kann man aber immer noch den Riss sehen, durch den der Leibhaftige entwichen sein soll. Er konnte in den vergangenen Jahrhunderten nie geschlossen werden.

Tetzel in Berlin

Die römisch-katholische Kirche war im 16. Jahrhundert reich und mächtig. Der Papst und die anderen kirchlichen Würdenträger mahnten die Menschen, bescheiden zu sein – selbst aber trachteten sie danach, immer reicher zu werden. Dafür war ihnen jedes Mittel recht. So verkaufte Papst Leo X. das Amt des Bischofs von Mainz für dreißigtausend Dukaten an Albrecht von Brandenburg. Das Geld dafür lieh sich Albrecht von der reichen Kaufmannsfamilie Fugger. Um seine Schulden zurückzahlen zu können, heckte er mit dem Papst einen Plan aus: Die Gläubigen sollten sich, statt für ihre Sünden und Verbrechen zu büßen, freikaufen können. Damit waren sie vor jeder Strafe geschützt. Man beichtete, was man getan hatte, bezahlte dafür und bekam einen sogenannten Ablassbrief. Die Einnahmen gingen zur Hälfte an den Papst, zur Hälfte an Albrecht.

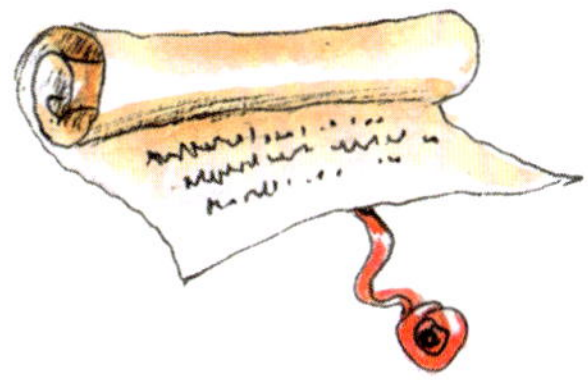

Einer der eifrigsten Ablasshändler war der Mönch Johann Tetzel. Nicht alle deutschen Fürsten waren mit dem Ablasshandel einverstanden, aber in Brandenburg herrschte Albrechts Bruder, Joachim I. Dort war Tetzel natürlich willkommen. Im April 1517 kam er nach Berlin und machte an der Nikolai-Kirche gute Geschäfte. Was er einnahm, verwahrte er in einer Truhe, auf der geschrieben stand: »Sobald das Geld im Kasten klingt, die Seele vom Fegefeuer in den Himmel springt.«

Nach einigen Monaten ließen die Einnahmen nach, und er verkündete eines Tages, nun bald abzureisen. Da trat ein gut gekleideter Edelmann an seinen Stand. Er erkundigte sich, ob er auch Ablass für eine Sünde erlangen könne, die er noch gar nicht begangen habe. Tetzel fragte nach der Art der Sünde, und der Mann antwortete: »Straßenraub!« Tetzel dachte nur an das Geld und erklärte: Ja, es sei möglich, auch dafür freigesprochen zu werden. Das sei aber etwas teurer. Sie einigten sich auf den Preis, und der Edelmann zog mit dem Ablassbrief für Straßenraub von dannen.

Am Tag darauf packte Tetzel seine Sachen, lud die schwere Geldtruhe auf den Wagen und machte sich mit seinen Helfern auf den Weg nach Jüterbog. Sie hatten Berlin noch nicht lange verlassen und ritten durch einen Wald, da wurden sie plötzlich von maskierten Reitern umzingelt. Der Kutscher und die Begleiter schlugen sich in die Büsche, nur der Ablasshändler blieb auf seiner Kiste sitzen. Die Räuber richteten ihre Waffen auf ihn und forderten die Truhe. Tetzel schrie und zeterte, man dürfe ihn nicht bestehlen. Das Geld gehöre dem Papst, dem Heiligen Vater in Rom, eine so gewaltige Sünde werde nie vergeben. Da lachte der Anführer der Räuber, zog sein Tuch vom Gesicht und sagte: »Du irrst dich! Den Ablass für diesen Straßenraub hast du mir selbst verkauft!« So kam Tetzel ohne Geld in Jüterbog an.

FAKTEN: Der Räuber soll ein Herr Hake auf Stülpe gewesen sein. Vielleicht ist er von selbst auf diesen derben Streich gekommen. Vielleicht hatte er aber auch davon gelesen, denn ähnliche Geschichten standen damals in sogenannten Schwankbüchern. Das waren Sammlungen von scherzhaften Erzählungen.

Ablass bedeutet in der katholischen Kirche die Befreiung von der Strafe für eine Sünde durch Buße. Diese kann zum Beispiel ein Gebet sein. Zu der Zeit, in der die Sage spielt, konnte man aber tatsächlich einfach ein Bußgeld bezahlen, um damit angeblich die Gnade Gottes zu erlangen. Dem Handel mit Ablassbriefen wurde bald darauf ein Ende gesetzt – er war ein Grund, warum Martin Luther und seine Anhänger gegen den Papst rebellierten. Sie forderten eine Veränderung der Kirche, weil sie nicht mehr im Sinn der Bibel handelte. Aus dieser Protestbewegung, der Reformation, entstand die evangelische Kirche.

Die Weiße Frau im Berliner Schloss

Nachts ist es finster und kalt im Berliner Schloss. Nur ungern verlässt man die wenigen beheizten Räume. Wenn man auf den Flur hinausgeht, muss man eine Kerze oder Öllampe mitnehmen, denn es gibt keine Beleuchtung. Man sieht nur wenige Meter weit und kann sich nur langsam bewegen, sonst würde die Flamme erlöschen. Die Fenster sind dunkelgraue Flächen auf den schwarzen Wänden; das Mondlicht kann die dicken bleiverglasten Scheiben nicht durchdringen. Plötzlich taucht eine weiße Gestalt aus dem Dunkel auf: groß, unheimlich, bedrohlich. Der Schrecken fährt einem durch die Glieder, man ist wie gelähmt. Die Weiße Frau! Langsam wandelt die Erscheinung über den Gang, die Kerze flackert, weil die Hände zittern. Endlich verschwindet der Spuk wieder in der Dunkelheit.
Gott sei Dank, noch einmal davongekommen!

Wer aber war die Weiße Frau und warum spukte sie im Schloss der Hohenzollern?

Früher durften Adlige nicht einfach heiraten, wen sie wollten. Eine Eheschließung musste meistens bestimmte Zwecke erfüllen: Feinde beschwichtigen, das Land vergrößern, die Herrschaft sichern, den Reichtum vermehren. So wurde Joachim II. (1505–1571) mit Magdalene von Sachsen vermählt. Als diese starb, heiratete er Hedwig von Polen. Doch er mochte sie nicht wirklich, sondern vergnügte sich lieber mit anderen Frauen. Dabei traf er eine, in die er sich wirklich verliebte. Sie hieß Anna und war die Frau des Geschützgießers Michael Dieterich, deshalb nannte man sie »die schöne Gießerin«.

Joachims Sohn Johann Georg (1525–1598) war wütend auf seinen untreuen und verschwenderischen Vater, deshalb nahm Joachim ihm das Versprechen ab, Anna nichts zuleide zu tun. Doch Johann Georg hielt sich nicht daran. Als sein Vater starb und er selbst Kurfürst wurde, brach er sein Wort und ließ die schöne

Anna in den Juliusturm der Zitadelle Spandau sperren. In dieser Festung starb sie im Jahr 1575.

Als dann Johann Georg selbst im Sterben lag, soll Annas Geist zum ersten Mal als Weiße Frau im Berliner Schloss erschienen sein: am 1. Januar 1598, genau eine Woche vor seinem Tod. Seitdem fürchteten sich die Hohenzollern und ihre Bediensteten vor der Weißen Frau, denn immer wenn sie erschien, geschah etwas Schlimmes.

Ein Enkel von Johann Georg, der Kurfürst Johann Sigismund, hatte eine solche Angst, dass er das Schloss verließ und zu seinem Kammerdiener Anton Freytag in die Poststraße zog. Es nutzte ihm nichts, er starb trotzdem.

Viele behaupteten, der unheimlichen Gestalt mit dem verblichenen weißen Gewand schon einmal begegnet zu sein. Sie soll eine Witwenhaube mit einem Schleier aus Spinnweben getragen und muffig gerochen haben. Doch nicht alle fürchteten sich vor ihr.

Als 1666 die Mutter des Kurfürsten Friedrich Wilhelm im Sterben lag, wurde wieder einmal die Weiße Frau gesehen. Der Kammerherr Curt von Burgsdorff prahlte damit, er triebe ihr das Spuken schon aus, würde er ihr nur einmal begegnen. Eines Tages ging er die Stufen zum Garten hinunter, um sein Pferd zu besteigen. Da trat ihm plötzlich die Weiße Frau entgegen und warf den schweren Mann die Treppe hinunter. Burgsdorff schrie, bis Bedienstete herbeieilten und ihm aufhalfen. Reiten konnte er nicht mehr – er hatte sich mehrere Rippen gebrochen.

Auch im Jahr 1730 soll die Weiße Frau wieder einmal ihr Unwesen getrieben haben. Es regierte König Friedrich Wilhelm I., der für seine Sparsamkeit bekannt war. Er war gerade auf Reisen, da hörte man eines Nachts im Schloss ein gewaltiges Rumpeln und Poltern. Der Boden und die Wände zitterten, als wären ganze Mauern eingestürzt. Überall eilten die Menschen auf die Gänge, und die Schlosswache überprüfte jeden Saal, jedes Zimmer. Doch die Ursache konnte nicht gefunden werden. Also musste Übernatürliches im Spiel gewesen sein.

Als der König von seiner Reise zurückkehrte, schilderte man ihm, was geschehen war. Da öffnete er die Schatzkammern, die man nicht hatte durchsuchen können, weil er die Schlüssel immer

bei sich trug. Es stellte sich heraus, dass einer der riesigen Holzschränke, in denen der König seine Geldsäcke verwahrt hatte, unter der Last zusammengebrochen war. Ob dies wohl der wahre Grund für das fürchterliche Poltern war, das in jener Nacht für Angst und Schrecken gesorgt hatte?

In neuerer Zeit glaubten viele nicht mehr an die Weiße Frau. So gab es am Schloss einen Pagen namens Hermann-Josef, Hejo genannt, der sehr wissbegierig war. Der Knabe studierte nicht nur alte Überlieferungen, sondern auch moderne naturwissenschaftliche Schriften. Schließlich verkündete er der Gesellschaft am Hof, die Existenz von Geistern sei nicht sehr wahrscheinlich. Einige der Damen und Herren belächelten den naseweisen Knaben, andere waren verstimmt wegen der Frechheit, die er sich herausnahm.

Als Hejo an diesem Abend seine Schlafkammer aufsuchen wollte, begegnete ihm auf dem Gang eine hohe, gespenstische Gestalt: die Weiße Frau! Doch er ging furchtlos auf sie zu und packte sie am Kleid. Da verpasste sie ihm eine solche Ohrfeige, dass er in die Ecke flog. Am nächsten Morgen schienen alle zu wissen, was geschehen war. Hejo aber grinste nur – ein Gespenst, das Backpfeifen verteilt, hielt er für eine absolute Unmöglichkeit.

FAKTEN: Den Grundstein für das sagenumwobene Schloss legte Friedrich II. von Hohenzollern (1413–1471), auch Eisenzahn genannt, im Jahr 1443. Er regierte ab 1440 und beschloss, Berlin zu seiner Residenzstadt zu machen. In den folgenden Jahrhunderten wurde das Schloss immer wieder umgebaut und erweitert. Es war sehr groß und hatte viele Schlafräume, die alle keine Toilette hatten. So konnte man nachts auf dem dunklen Flur durchaus einer weißen Gestalt begegnen – nämlich dann, wenn jemand im Nachthemd hinauseilte.

Der prahlerische Kammerherr Curt von Burgsdorff war dafür bekannt, sehr viel Wein zu trinken – möglicherweise ist er berauscht die Treppe hinuntergefallen, ganz ohne Zutun der Weißen Frau. Manche behaupten, das Missgeschick sei in Wahrheit einige Jahre zuvor seinem Bruder, dem Oberstallmeister Ehrenreich von Burgsdorff, passiert, aber der soll ebenfalls ein Trunkenbold gewesen sein.

Vielleicht machte sich auch gelegentlich jemand, wie die Geschichte von Hejo andeutet, einen Spaß daraus, sich als Weiße Frau zu verkleiden, um andere zu erschrecken und sich dann heimlich ins Fäustchen zu lachen. Denn es gab zu allen Zeiten Leute, die nicht an Gespenster glaubten.

Der Schelmeneid

Ein reicher Mann lieh sich einmal von einem Freund fünfzig Dukaten, die er angeblich dringend benötigte, weil er gerade kein bares Geld hatte. Der Mann gab ihm die Summe bedenkenlos, denn er wusste, wie reich der andere war. Nun wartete er viele Wochen, doch der Reiche gab ihm die fünfzig Dukaten nicht zurück. Als der Freund den Reichen schließlich zur Rede stellte, behauptete dieser frech, er habe ihm das Geld längst zurückgezahlt. Und dabei blieb er.

Der Freund war empört und verklagte den Betrüger beim Rat der Stadt Berlin. Die Gerichtsverhandlung im Obergeschoss des Rathauses begann, doch der Mann konnte nicht beweisen, dass er das Geld verliehen hatte. So stand Aussage gegen Aussage. Was tun? Der Richter ließ den Reichen einen Eid schwören, dass

er dem Freund die geliehenen Dukaten zurückgegeben habe. Der Reiche war dazu bereit, bat aber den neben ihm stehenden Freund, so lange seinen Hut und seinen Spazierstock zu halten. Der tat es, und der Reiche schwor den verlangten Eid. Damit war die Klage abgewiesen.

Der Betrogene war wütend und beschimpfte den Reichen; ein Streit entbrannte. Der Freund versetzte dem Reichen einen Fausthieb, und jener schlug zurück – da zerbrach der Stock, der aus dickem Bambus bestand und innen hohl war. Heraus kullerten die fünfzig Dukaten und rollten die Treppe hinab! Alle konnten sehen, dass der Reiche einen Schelmeneid geschworen hatte: Sein Trick war, dass er seinen Freund den Stock mit dem Geld halten ließ – damit hatte er nicht gelogen. Der Richter durchschaute die Sache natürlich und verurteilte nun den Reichen. Der Mann musste sein Leben lang eine Henkersschnur um den Hals tragen. Einmal im Jahr kontrollierte der Scharfrichter von Berlin, dass der Reiche die Schnur auch trug, und dieser musste ihm dafür jedes Mal fünfzig Dukaten bezahlen. Seitdem wollte niemand mehr durch die Tür gehen, durch die der Reiche den Gerichtssaal verlassen hatte, deshalb wurde sie zugemauert.

FAKTEN: Das alte Berliner Rathaus an der Ecke Königstraße (heute Rathausstraße) und Spandauer Straße wurde um 1270 erbaut. Das Erdgeschoss diente als Tuchhalle, in der man mit Stoffen handelte; im Obergeschoss fanden die Ratssitzungen statt. Das alte Rathaus brannte mehrmals ab, wurde aber immer wieder aufgebaut. Nach dem letzten Brand von 1581 bekam es einen Turm. An diesem war zur Königsstraße hin im ersten Stock eine zugemauerte Tür zu sehen. In alten Zeiten führte sogar noch eine hölzerne Treppe hinauf. Dort soll sich die Geschichte vom Schelmeneid zugetragen haben. Das alte Rathaus wurde 1865 abgerissen. An dieser Stelle steht heute das viel größere Rote Rathaus, ein Wahrzeichen Berlins.

Bernauer Bier

In früheren Zeiten trank man in Berlin am liebsten das Bier aus der Nachbarstadt Bernau, denn es galt als besonders schmackhaft. Die Bernauer taten alles, um diesen guten Ruf zu bewahren. So gab es eine besondere Bierprobe: Im Saal des Rathauses goss man Bier über die Stühle. Dann setzten sich die Ratsherren hin. Wenn sie wieder aufstanden und die Stühle ihnen am Hintern kleben blieben, war das Bier gut gelungen.

In der Reezengasse, der heutigen Parochialstraße, hatte einst ein Schuhmachermeister sein Haus. Ein Junge aus Bernau sollte bei ihm das Handwerk erlernen. Lehrjahre sind keine Herrenjahre, sagte man früher, und so wurde der Lehrling von der Meisterin auch zu allen möglichen Arbeiten herangezogen. Wenn er etwas nicht richtig machte, dann setzte es Ohrfeigen.
Eines Tages schickte der Meister den Jungen mit einer großen Zinnkanne los, um Bernauer Bier zu holen. Der Lehrling war sehr unerfahren; niemand hatte ihm gesagt, dass man Bernauer Bier auch in den Berliner Gasthäusern ausschenkte. Er machte sich also auf den langen Weg in seine Heimatstadt. Viele Stunden musste er laufen; erst am Abend kam er völlig erschöpft bei seinen Eltern an. Seine Mutter hatte Mitleid, aber der Vater und die Brüder lachten ihn aus, weil er so dumm gewesen war, bis nach Bernau zu laufen. Dabei hätte er das Bier doch auch im nächsten Wirtshaus kaufen können.

Am nächsten Morgen gab die Mutter ihrem Sohn ein Stück Brot für den Weg, dann lief er zur Brauerei und ließ die Kanne mit dem guten Bernauer Bier füllen. Wieder war er viele Stunden unterwegs. Aber je näher er dem Stadttor kam, umso langsamer wurden seine Schritte. Was erwartete ihn in Berlin? Der Meister würde ihn einen Dummkopf nennen und die Meisterin schimpfen, weil er so spät kam, und ihm eine Ohrfeige verpassen. Dann bekäme er die doppelte Arbeit aufgebürdet. Nein, es zog ihn nicht nach Berlin. Kurz entschlossen versteckte er die Zinnkanne mit dem Bier unter einem Steinhaufen und machte sich aus dem Staub.

Es war die Zeit des Dreißigjährigen Krieges, überall zogen Soldaten umher. Ein Reitertrupp nahm den Berliner Lehrjungen mit und machte auch ihn zum Soldaten. Er war so tapfer, dass man ihn sogar zum Offizier beförderte.

Nach einigen Jahren kam er in seine Heimat zurück. Er besuchte seine Eltern in Bernau, die vor Freude weinten, denn sie hatten nicht gedacht, ihn noch einmal wiederzusehen. Dann ritt er nach Berlin zum Haus des Schuhmachers. Der Meister und seine Frau wollten gar nicht glauben, dass der stattliche Offizier, der vor ihnen stand, einmal der Lehrjunge gewesen sein sollte, der mit der wertvollen Zinnkanne auf Nimmerwiedersehen verschwunden war. Zum Beweis führte er sie vor das Stadttor zu dem Steinhaufen. Und tatsächlich – darunter stand die Kanne, gefüllt mit dem guten Bernauer Bier. Und als sie den Deckel anhoben, duftete es sogar, denn mit der Zeit war es noch besser geworden!

FAKTEN: Zur Zeit des Schusterjungen in dieser Sage herrschte der Dreißigjährige Krieg (1618–1648), in dem Katholiken und Protestanten um die Macht in Deutschland kämpften. Auch die Mark Brandenburg gehörte zur protestantischen Kirche, doch Kurfürst Georg Wilhelm unterstützte keine der beiden Armeen, denn er wollte das Land lieber aus allem heraushalten. Dadurch erreichte er das Gegenteil, denn beide Seiten betrachteten ihn als ihren Feind. Deshalb wurde die Mark Brandenburg besonders oft geplündert.

Unheimlicher Zauber auf der Pfaueninsel

Im Südwesten von Berlin, mitten in der Havel, liegt die Pfaueninsel. Sie galt zur Zeit des Großen Kurfürsten als ein unheimlicher Ort. Niemand wagte es, dorthin überzusetzen. Man sagte, auf der Insel wohne ein Zauberer, der für seinen Fürsten Gold machen solle. Versuchte doch einmal ein Fischer am Ufer anzulegen, erging es ihm schlecht. Der Kahn wurde plötzlich morsch, saugte sich voll Wasser und ging unter. Man musste ein guter Schwimmer sein, um heil das Festland wieder zu erreichen. Der Zauberer zeigte sich selten. Manchmal sah man seinen Diener, einen verwachsenen Menschen, der schreckliche Laute ausstieß und mit einem großen schwarzen Hund unterwegs war. Das Tier hatte ein zottiges Fell und glühende Augen; es schien geradewegs aus der Hölle zu kommen.

Als der Große Kurfürst starb, zog der Goldmacher nach Schweden, doch sein Geist konnte sich nicht von der Pfaueninsel trennen. Zuweilen kann man ihn heute noch umhergehen sehen. Auch der feurige Hund ist noch da; wie in alter Zeit läuft er am Havelstrand entlang zur Badebucht seines Herrn. Dann verschwindet er mit schaurigem Geheul im Wald.

FAKTEN: Der Mann auf der Pfaueninsel konnte natürlich nicht zaubern und auch kein Gold machen; das hat noch niemand geschafft. Er hieß eigentlich Johannes Kunckel (1634–1703), war der Sohn eines Glashüttenmeisters und hatte schon beim sächsischen Kurfürsten gedient, war aber nicht bezahlt worden. Der Große Kurfürst (der von 1640 bis 1688 regierte) holte ihn nach Berlin und beauftragte ihn, wertvolles Kristall- und Rubinglas aus einheimischen Rohstoffen herzustellen. Das gelang – unter anderem produzierte Kunckel bunte Glasperlen, die man für den Handel in Afrika benötigte. Aus Dankbarkeit schenkte ihm der Kurfürst 1685 die Pfaueninsel. Er hoffte, dass Johannes Kunckel in dem dort eingerichteten Labor weitere schöne und kostbare Dinge entdecken würde. Leute wie Kunckel nannte man auch Alchemisten; sie versuchten, aus gewöhnlichen Zutaten neue, wertvollere Stoffe zu gewinnen. Bei den Experimenten stieg oft schwarzer Rauch auf, und es stank nach Chemikalien. Deshalb dachten die Leute vielleicht, dass der „Goldmacher" dort einen Zaubertrank zubereitete. Der Kurfürst und Kunckel wollten ihre Erfindungen gern geheim halten und hatten darum das Betreten der Insel streng verboten – so glaubten viele, dass es dort nicht mit rechten Dingen zugehen würde.

Ein bescheidener Gedenkstein auf der Pfaueninsel erinnert heute an den einst berühmten Glasmacher und Alchimisten, der seine letzten Lebensjahre als Königlicher Bergrat in Schweden verbrachte und dort von König Karl XI. sogar in den Adelsstand erhoben wurde – er starb als Johann Kunckel von Löwenstern.

Der Musikant in der Wolfsgrube

In einer Winternacht des Jahres 1690 machte sich ein Musikant, der in Staaken aufgetreten war, auf den Heimweg nach Spandau. Der Mond schien hell, deshalb verließ er den Weg und nahm eine Abkürzung durch den Wald. Was er nicht wusste: In letzter Zeit war mehrmals ein Wolf in der Gegend gesehen worden. Jäger hatten eine Grube ausgehoben und mit Reisig abgedeckt, um das Raubtier zu fangen. Darauf war Schnee gefallen, und als der Musikant darüberlief, knackte es plötzlich unter seinen Füßen. Die Zweige gaben nach, und er fiel in die Tiefe.

Der Schreck wurde noch größer, als er sah, dass er nicht allein in der zwei Meter tiefen Grube war: Vor ihm stand ein großer grauer Wolf, der knurrte und die Zähne fletschte! Der Musikant wich zurück und stieß an die Wand der Grube. Da ertönte von seinem Rücken ein Geräusch wie das Meckern einer Ziege. Dort trug er nämlich sein Instrument, einen Dudelsack. Schnell holte er ihn hervor, blies hinein und begann zu spielen. Der Wolf hielt verdutzt inne und lauschte. Dann hob er den Kopf und jaulte. Es klang, als wollte er mit dem Dudelsack um die Wette singen. Der Musikant spielte immer schneller, der Wolf heulte immer lauter, und endlich hörten die Jäger das nächtliche Duett.

Sie befreiten den Mann aus der Grube und wollten den Wolf schon erlegen. Doch da bat der Musikant darum, seinem Sangesbruder das Leben zu schenken. So geschah es; der Wolf verschwand im Wald, und die Jäger brachten den Musikanten nach Hause, wo er sie mit heißem Tee bewirtete.

FAKTEN: Die letzten frei lebenden Wölfe in der Umgebung von Berlin wurden im 18. Jahrhundert getötet oder vertrieben. Erst seit dem Jahr 2007 sind wieder Wölfe im Land Brandenburg ansässig. Ob sie musikalisch sind, hat nie jemand erforscht.

Der Dudelsack ist ein seltsames Instrument: Man bläst Luft in einen Ledersack, den man am Körper trägt, und drückt sie dann möglichst gleichmäßig mit den Armen wieder raus. Sie entweicht durch Öffnungen, an denen Pfeifen befestigt sind, die man wie Flöten spielen kann. Deshalb wurde der Dudelsack früher auch Sackpfeife genannt. Damals war dieses Instrument weit verbreitet.

Ein lebendes Denkmal

Friedrich, der Sohn des Großen Kurfürsten, plante, sich zum König in Preußen ernennen zu lassen. Deshalb wollte er seine Hauptstadt vergrößern und holte den Bildhauer und Architekten Andreas Schlüter nach Berlin. Schlüter übernahm die Bauleitung am Zeughaus und am Schloss. Was er auch anfasste, es gelang ihm. So bekam er von Friedrich, inzwischen König in Preußen, den Auftrag, ein Denkmal für dessen Vater zu errichten.

Das 1703 am Geburtstag des Vaters auf der Langen Brücke enthüllte Reiterstandbild aus Bronze war ein Meisterwerk, das von allen bewundert wurde. Es sah dem Großen Kurfürsten so ähnlich, dass es fortan in jeder Neujahrsnacht für eine Stunde lebendig wurde. Der so Wiederbelebte ritt dann immer durch die Stadt, um zu sehen, was aus seinem Berlin geworden war. Viele erzählten, ihn schon gesehen zu haben, allerdings sei nie ein Hufschlag zu hören gewesen.

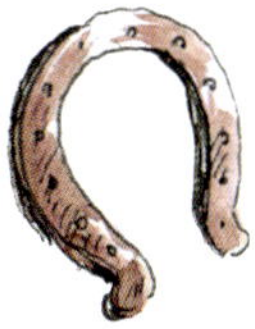

Andreas Schlüter hatte für sein Meisterwerk viel Lob erhalten, doch danach wurde er nicht mehr glücklich. Sein nächster Auftrag bestand darin, den Münzturm des Berliner Schlosses zu erneuern. Schlüter wollte seinen Turm fast hundert Meter hoch bauen und mit einem Wasserspeicher für die Springbrunnen des Schlossgartens sowie einem Glockenspiel versehen. Doch er hatte den sumpfigen Untergrund nicht beachtet. Als der Turm sechzig Meter hoch war, neigte er sich zur Seite, und es zeigten sich Risse im Mauerwerk. Der Bau musste abgebrochen werden, und Schlüter verlor seine Stellung als Hofbaumeister.

Nach dem Tod Friedrichs I. im Jahr 1713 beschloss Schlüter, Berlin zu verlassen. Ein letztes Mal ging er mit einigen seiner Schüler und Handwerker zur Langen Brücke und erklärte, er habe in Berlin Gutes und Schlechtes erlebt. Und einmal habe er etwas Vollkommenes erschaffen, nämlich dieses Denkmal des Großen Kurfürsten. Ein Schüler meldete sich zu Wort und meinte: »Wieso vollkommen? An den Hufen fehlen die Eisen!« Da stürzte sich Schlüter vor Verzweiflung von der Brücke und ertrank in der Spree.

FAKTEN: Andreas Schlüter (1659–1714) kam im Jahr 1694 nach Berlin. Im Zeughaus, wo er damals arbeitete, befindet sich heute das Deutsche Historische Museum. Sein 5,60 Meter hohes Reiterdenkmal steht seit 1952 im Ehrenhof des Schlosses Charlottenburg. Eine Kopie kann man im Bode-Museum bestaunen. Als im Zweiten Weltkrieg Bomben auf Berlin fielen, wurde das Standbild abgebaut und auf einem Lastkahn verwahrt. 1947 versank es im Tegeler See und konnte erst zwei Jahre später von Tauchern geborgen werden. Dass sich Schlüter von der Brücke stürzte, ist allerdings nicht wahr – denn er starb 1714 im russischen Petersburg.

Preußisch Blau

Als Friedrich I. König in Preußen war, lebte in Berlin wiederum ein Alchemist. Er hieß Johann Konrad Dippel und versuchte unter anderem, Silber und Quecksilber in Gold zu verwandeln. Der König wollte gern noch reicher werden, deshalb unterstützte er den Goldmacher bei dessen Experimenten.

Manche Berliner behaupteten nun, sie hätten Dippel nachts auf dem Friedhof gesehen; er habe Leichen ausgegraben und mitgenommen. Tatsächlich stellte er aus getrocknetem Blut, Fleisch und Knochen ein Öl her, das gegen fast alle Krankheiten helfen sollte. Dabei benutzte er Pottasche zur Reinigung.

Eines Tages suchte ihn Johann Jacob Diesbach auf, der in seiner Manufaktur Farben herstellte und dazu dieses weiße Pulver benötigte. Diesbach bat Dippel, ihm ein Pfund Pottasche zu verkaufen. Doch der Alchemist hatte nur noch einen Rest übrig, der mit seinem Wunderöl vermischt war. Diesbach dachte sich: besser als nichts, und rührte wie immer seine Farbe zusammen. Diesmal entstand allerdings kein Karminrot, wie er es geplant hatte, sondern ein herrliches dunkles Blau. Dippel und Diesbach prüften die neue Farbe und stellten fest, dass sie im Sonnenlicht nicht verblasste. Nun konnten sie jubeln – was sie entdeckt hatten, war fast so wertvoll wie Gold!

FAKTEN: Blaue Farbstoffe wurden zu jener Zeit aus dem Halbedelstein Lapislazuli hergestellt, was natürlich sehr teuer war. Außerdem war das neue Berliner Blau, wie man die Farbe bald nannte, im Gegensatz zu vielen anderen Farben nicht giftig. Bald produzierte Diesbach große Mengen des Berliner Blaus und belieferte auch die Armee des Königs. Die dunkelblaue Uniformfarbe wurde bald Preußisch Blau genannt. Spione aus vielen Ländern kamen nach Berlin, um das Geheimnis der blauen Farbe zu ergründen, doch es gelang, ihre Zutaten zwanzig Jahre lang geheim zu halten. Erst 1724 verriet ein Mitarbeiter, wie die Manufaktur Diesbach das berühmte Preußisch Blau herstellte.

Das sogenannte Lebenselixier von Johann Konrad Dippel wurde noch im 19. Jahrhundert in Apotheken verkauft. Dass es allerdings aus Leichen gewonnen wurde, gehört ins Reich der Sage. Das Öl gewann man in Wahrheit aus den Überresten von Tieren. Die lieferte der Abdecker – so heißt jemand, der die Tierkadaver entsorgt – für wenig Geld. Doch in ganz Europa erzählte man sich von dem Mann, der aus Leichen neues Leben gewinnen konnte.

Dippel, der eigentlich Philosophie und Theologie studiert hatte, war 1673 auf der Burg Frankenstein im Odenwald geboren worden. Als die englische Schriftstellerin Mary Shelley die Gegend besuchte, erfuhr sie von der Sage, die sich um den Alchemisten Dippel rankte, und verarbeitete sie in einem Buch. Die Geschichte von Doktor Frankenstein, der aus Leichenteilen ein Monster zusammensetzte und zum Leben erweckte, ist heute in aller Welt bekannt.

Der Neidkopf

Friedrich Wilhelm I. trug den Beinamen »der Soldatenkönig«, denn nichts war ihm so wichtig wie seine Armee. Deshalb verlangte er von seinen Untertanen, neue Häuser zu bauen. Das war wegen des sumpfigen Untergrunds sehr teuer, nutzte aber dem König: Es gab nämlich damals noch keine Kasernen; die Soldaten wohnten in ganz normalen Bürgerhäusern, meistens in Kammern unter dem Dach. Der Bau neuer Häuser war dem König so wichtig, dass er oft durch die Stadt ging und nach dem Rechten sah. Die Leute fürchteten sich vor ihm und warnten einander durch Pfiffe, wenn er aus dem Schloss auf die Straße trat. Denn der Soldatenkönig war jähzornig und prügelte oft, wenn ihm etwas nicht gefiel.

Einmal, als Friedrich Wilhelm in die Heiliggeiststraße kam, fiel ihm ein Mann auf, der vor einer ärmlichen Hütte saß und fleißig arbeitete. Aus dem großen Haus gegenüber, das einem reichen Goldschmied gehörte, schauten zwei Frauen heraus. Sie lachten spöttisch über den armen Handwerker und zogen Grimassen. Der König blieb stehen und fragte den Mann, warum er denn so arm sei, wo er doch so viel leiste.

Der Mann antwortete, er sei ebenfalls Goldschmied, habe aber viele Kinder zu ernähren und könne das teure Material nicht bezahlen. Deshalb versuche er, die Familie mit Arbeiten aller Art, meist billigen Reparaturen, durchzubringen.

Der König schaute dem Mann prüfend in die Augen. Dann ließ er Gold und Silber aus dem Schloss holen und bestellte bei dem armen Goldschmied Messer, Gabeln und Löffel – so viele, dass man eine große Feier für viele Gäste damit ausrichten konnte.

Der Mann lieferte das Gewünschte und wurde dafür entlohnt. Auf den Festen im Schloss sahen viele reiche Leute das herrliche Besteck und gingen zu dem neuen Goldschmied des Königs, weil sie auch etwas so Schönes haben wollten. So wurde der arme Handwerker zu einem reichen Mann.

Eines Tages besuchte ihn der König und sah, dass wieder die beiden Frauen am gegenüberliegenden Fenster standen. Sie waren neidisch auf den Erfolg des Nachbarn, glotzten böse herüber und streckten sogar die Zungen heraus. Da befahl der König seinem Goldschmied, sich ein neues großes Haus zu bauen – natürlich auf eigene Kosten und mit zwei Extrazimmern für Soldaten. Aber eine Kleinigkeit bezahlte Friedrich Wilhelm selbst: Er ließ an der Fassade ein wirklich hässliches Gesicht anbringen, einen sogenannten Neidkopf. So sahen die beiden garstigen Frauen von gegenüber, wenn sie aus dem Fenster schauten, sich selbst.

FAKTEN: Das Haus, an dem Friedrich Wilhelm I. (1688–1740) den Neidkopf anbringen ließ, befand sich in der heutigen Heiliggeiststraße 38. Im Zweiten Weltkrieg wurde es durch Bomben zerstört, aber die abstoßende Fratze blieb verschont und ist heute im Märkischen Museum zu sehen.

Geisterfahrt am Großen Stern

In früheren Zeiten war der riesige Kreisverkehr im Berliner Tiergarten, der Große Stern, nur eine Kreuzung von vier Waldwegen. Diese wurden von Jagdgesellschaften, aber auch von Fuhrwerken aller Art genutzt.

Eines Nachts rollte ein Brauereiwagen, der von Spandau nach Berlin unterwegs war, durch den Tiergarten. Gerade als er am Großen Stern war, schlug es Mitternacht, und der Wagen blieb augenblicklich stehen. Der Kutscher wunderte sich und schaute nach, aber die Räder waren in Ordnung und steckten auch nicht zu tief im Sand. Die Pferde zogen, trotzdem kam die Fuhre nicht vom Fleck. Mit einem Mal scheuten die Tiere, obwohl kein Hindernis zu sehen war, und stiegen so hoch, dass die Deichsel des Wagens brach. Der Kutscher schwenkte die Peitsche, doch da stand plötzlich ein Fremder neben ihm. Er fragte, ob er denn nicht den Teufel sehe, der vor den Pferden stehe. Der Kutscher schaute hin, sah aber niemanden. Dann stieg er vom Bock, spannte die Pferde aus und besah den Schaden.

Der Unbekannte bot seine Hilfe an, und der Kutscher willigte ein, denn er wollte so schnell wie möglich weg von diesem unheimlichen Ort. Der Mann strich mit der Hand über die Bruchstelle, und im Nu wuchs die Deichsel wieder zusammen. Dann schaute er den Pferden in die Augen, und sie beruhigten sich sofort. Der Kutscher war neugierig und fragte, was das Ganze denn bedeuten solle. Der Fremde antwortete nicht, sondern holte eine Handvoll Saatkörner aus der Manteltasche und erklärte, das sei Fahrsamen. Wer ihn habe, dem könne der Teufel nichts anhaben.

Der Kutscher wollte die Körner gern haben, aber der Mann sagte, diesen Zaubersamen dürfe man nicht verschenken, den müsse man sich verdienen. Dann bat er, ein Stück mitfahren zu dürfen. Dem Kutscher war es recht, aber kaum saßen sie auf dem Bock, nahm der Fremde die Zügel in die Hand.

Es begann eine wilde Fahrt durch den Tiergarten. Der Braukutscher saß wie versteinert da und riss vor Angst die Augen auf, als der Wagen geradewegs auf die Spree zuraste. Doch er versank nicht, sondern schoss über das Wasser dahin. Währenddessen redete der Mann ganz ruhig weiter. Er versprach, in einem Jahr in der Johannisnacht wieder am Großen Stern zu warten und dem Kutscher Fahrsamen mitzubringen. Dann schlug es eins, und der Wagen stand wieder auf dem Großen Stern. Der Mann aber war verschwunden.

Schnell verließ der Braukutscher den schrecklichen Ort und gelangte unbeschadet nach Hause. Er dachte immer wieder an das Erlebte, und ein Jahr später, um zwölf Uhr in der Johannisnacht, wartete er am Großen Stern.

Der Fremde erschien wie aus dem Nichts, begrüßte den Kutscher wie einen alten Bekannten und streute den Fahrsamen rund um den Wagen. Dann gebot er ihm zu schweigen, eine Stunde lang, egal was geschehen würde. Es fiel dem Kutscher nicht leicht, die Anweisung zu befolgen, denn er sah gar Seltsames. Zuerst kam

ein Wagen auf drei Rädern genau auf ihn zu. Schon wollte er eine Warnung rufen, besann sich aber noch rechtzeitig, sodass nichts passierte. Dann stapften zwei Riesen aus dem Tiergarten heran, rissen Bäume aus und begannen, einen Galgen zu zimmern. Auch diese Prüfung bestand der Kutscher – er hätte vor Angst ohnehin kein Wort mehr herausgebracht. Dann geschah eine Weile nichts.

Der Braukutscher beruhigte sich und grinste sogar, als ein Betrunkener auf ihn zu torkelte und fragte, wo man denn hier noch Schnaps kriegen könne. »He, du hast doch längst genug«, sagte er zu dem Säufer – da war der Spuk vorbei, und vor dem Kutscher stand wieder der Fremde.

»Schade«, sagte er, »gerade den Betrunkenen hättest du nicht ansprechen dürfen, der hatte den Fahrsamen in der Tasche.« So war alles umsonst gewesen. Er könne ja in einem Jahr wiederkommen und es noch einmal versuchen, bot der Fremde an. Doch dazu hatte der Kutscher keine Lust mehr.

FAKTEN: Heute ist der Große Stern im Tiergarten eine viel befahrene Kreuzung Berlins. Über den Kreisverkehr rund um die Siegessäule können Fahrzeuge in sieben Richtungen abbiegen. Angelegt wurde der Große Stern um 1698 vom kurfürstlichen Hofjäger Hemmrich als Waldlichtung mit acht Abzweigungen, damit sich die Jäger besser orientieren konnten und einen zentralen Platz für die Treibjagd hatten.

Geschichten wie die des Brauereikutschers erzählte man sich zu Beginn des 18. Jahrhunderts. Damals war es sicher unheimlich, nachts durch den Tiergarten zu laufen, zu fahren oder zu reiten, zumal die Leute glaubten, dass um Mitternacht an Kreuzwegen oft Hexen und Gespenster lauerten. Es gab dort weder Beleuchtung noch feste Straßen. Besonders in der Nacht vom 23. auf den 24. Juni, der sogenannten Johannisnacht, sollten Geister ihr Unwesen treiben.

Ein richtiger Platz wurde der Große Stern erst nach dem Umbau von 1833 bis 1840 durch den Gartenarchitekten Peter Joseph Lenné. Die Siegessäule stand ursprünglich vor dem Reichstagsgebäude und wurde erst 1938 auf den Großen Stern versetzt.

Das Galgenhaus

Im Jahr 1688 zog der Kammerrat von Happe in ein dreistöckiges Haus, das er sich in der Brüderstraße hatte bauen lassen. Im Jahr 1735, der Herr von Happe war inzwischen zum Minister ernannt worden, vermisste man in seinem Haushalt eines Tages einen kostbaren Silberlöffel. Die Bediensteten suchten überall – in der Küche, den Wohnräumen, den Schlafkammern, unterm Dach, im Keller. Es half nichts, der Löffel blieb verschwunden. Also konnte es sich nur um einen Diebstahl handeln. Alle Hausangestellten arbeiteten seit vielen Jahren für die Familie von Happe, nur ein Dienstmädchen war erst seit Kurzem im Haus. Auf diese junge Frau, die mit einem armen Soldaten verlobt war, fiel der Verdacht. Sie wollte bald heiraten und hatte wohl deshalb den wertvollen Löffel gestohlen.

Vor Gericht beteuerte das Mädchen seine Unschuld, doch niemand glaubte ihm. Das war schlimm, denn gerade in jenem Jahr hatte König Friedrich Wilhelm ein neues und sehr grausames Gesetz erlassen: Weil es so viele Hausdiebstähle gab, sollte jeder am Hals aufgehängt werden, der etwas entwendet hatte, das über drei Taler wert war. So musste das arme Mädchen wegen eines einzigen Löffels sterben.

Ein paar Tage später schrie ein Diener der Familie von Happe plötzlich auf, und alle eilten hinzu: Der Mann hatte den Stall der zahmen Ziege, die hinter dem Haus gehalten wurde, ausmisten wollen und unterm Stroh den Silberlöffel gefunden! Die Nachricht machte schnell die Runde. Bald wusste die ganze Stadt, dass die Ziege den Löffel verschleppt hatte und das Mädchen unschuldig gewesen war.

Damit die Leute sich die neue Strafe für Diebstahl merkten, hatte der König auch verfügt, dass der Galgen vor dem Haus errichtet werden musste, in dem die Tat begangen worden war. Viele Schaulustige hatten schon bei der Hinrichtung des armen Mädchens zugesehen. Nun aber kamen die Leute jeden Tag in die Brüderstraße, um das Haus, den Galgen und den Ziegenstall zu begaffen. Das hörte auch nicht auf, als der Galgen entfernt wurde: Das Loch im Bürgersteig, wo man ihn eingegraben hatte, ließ sich nicht mehr schließen. Über Nacht sprangen die Pflastersteine immer wieder heraus! So ging das Wochen und Monate. Schließlich hielt es die Familie von Happe in ihrem schönen Haus nicht mehr aus. Herr von Happe versuchte, das Galgenhaus, wie es nun genannt wurde, zu verkaufen, doch niemand wollte es haben. Schließlich zog er fort, und die Stadt Berlin erwarb das Gebäude.

FAKTEN: Viele halten diese Geschichte für wahr, andere meinen, dass sie aus zwei Ereignissen zusammengesetzt wurde. Tatsächlich hatte es im Hause des Ministers von Happe 1735 einen Diebstahl gegeben. Der Täter wurde in der Brüderstraße gehenkt; es war wohl die erste Hinrichtung nach dem neuen Gesetz. Einige Jahre zuvor, 1731, hatte man ein Dienstmädchen zum Tode verurteilt, das einem Kaufmann Goldstücke gestohlen haben sollte; eines davon war in ihren Sachen gefunden worden. Später stellte sich heraus, dass die Frau des Kaufmanns die Tat begangen und das Goldstück bei dem Mädchen versteckt hatte, um es in Verdacht zu bringen. Aus diesen beiden wahren Begebenheiten ist also die Sage vom Galgenhaus in der Brüderstraße 10 vermutlich entstanden.

Aber was wurde aus der Stelle im Pflaster, wo der Galgen gestanden hatte, ist sie noch zu sehen? Nein, als man merkte, dass sich das Loch nicht schließen ließ, wurde es erweitert und mit einem Gitter versehen. Dann baute man in die Kellerwand eine Klappe ein, sodass man nun Kohlen zum Heizen von der Straße direkt in den Keller schütten konnte.

Der Schweineritt

General Graf von Hacke war ein leidenschaftlicher Jäger. Eines Tages ging er auf der Heide vor dem Spandauer Tor auf Wildschweinjagd. Er hatte einen Keiler verwundet und wollte ihn gerade mit dem Messer erlegen, da brach die Klinge ab. Das riesige wütende Tier geriet ihm zwischen die Beine, und plötzlich saß er rittlings auf dessen Rücken. Er konnte sich gerade noch an den Borsten festhalten, da rannte das Tier auch schon los, geradewegs auf das Spandauer Tor zu. Die dortige Wache bemerkte den Vorfall und erlegte endlich den Keiler. Damit hatte der unfreiwillige Schweineritt des Generals ein Ende. Unter seinen zornigen Blicken verging den Wachsoldaten schnell das Grinsen. Umso herzlicher lachte König Friedrich II. über den General und befahl ihm, den Aufbau der Spandauer Vorstadt zu leiten, denn er kenne sich dort ja besonders gut aus. So entstanden auf den unbebauten Feldern Wohnhäuser und Straßen sowie ein Markt, den man nach dem General von Hacke benannte. Im Volksmund hieß der Platz aber noch lange der »Schweinereitermarkt«.

FAKTEN: Natürlich bekam Hans Christoph Friedrich Graf von Hacke (1699–1754) den Auftrag zum Aufbau der Spandauer Vorstadt nicht, weil er auf dem Keiler geritten war, sondern weil er seit 1747 verantwortlich für die königlichen Bauten Berlins war; Friedrich II. (1712–1786) ernannte ihn außerdem zum Stadtkommandanten. Die Bauarbeiten begannen 1750. Dafür wurde das Spandauer Tor, das zur mittelalterlichen Stadtmauer gehörte, abgerissen und der Festungsgraben zugeschüttet. Der Platz in der neuen Vorstadt wurde Hackescher Markt genannt, weil der König Graf von Hacke ehren wollte, der an seiner Seite in den ersten beiden Schlesischen Kriegen gekämpft hatte.

Der Gesundbrunnen

Luft und Wasser können lebensgefährlich sein: Zu wenig Luft, und man erstickt. Zu viel Wasser, und man ertrinkt. Beides erhält aber auch Leben, deshalb gibt es außer den Luftkurorten zahlreiche Bäder und Quellen, deren Wasser Krankheiten heilt. Eine solche Quelle wurde in den vierziger Jahren des 18. Jahrhunderts nördlich von Berlin in den Feldern entdeckt, wo sich heute der Stadtteil Wedding befindet.

Bald sprach sich herum, dass diese Quelle ein Wunderwasser spendete, das Kranke heilen und Menschen sogar jünger machen konnte. Man erkannte die besondere Kraft des Wassers schon daran, dass es im Winter bei Frost nicht gefror.

König Friedrich II. ließ das Wasser 1751 von dem Chemiker Andreas Sigismund Marggraf untersuchen. Der bestätigte, dass es sich um eine Mineralquelle handelte. Der Hofapotheker Heinrich Wilhelm Behm erwarb daraufhin vom König die Erlaubnis, an der Wunderquelle eine Heil- und Badeanstalt zu errichten.

1760 war es so weit, und das Heilbad mit dem Namen Friedrichs-Gesundbrunnen wurde eröffnet. Apotheker Behm hatte, mit finanzieller Unterstützung des Königs, an der Quelle ein Brunnenhaus errichtet. Die Umgebung war als Garten gestaltet, in dem Bade- und Trinkhäuser standen. Vierzig Gäste konnten am Gesundbrunnen übernachten; auch der König schlief dort, wenn er die nahe gelegenen Übungsplätze des Militärs besichtigte. 1784 war er wieder einmal unterwegs; vom Rosenthaler Tor aus rumpelte die Kutsche über Feldwege zum Gesundbrunnen. Plötzlich stürzte sie um. Der König war sehr wütend und befahl sofort, eine richtige Straße zu bauen – sie heißt bis heute Brunnenstraße.

Das Wasser des Gesundbrunnens wurde damals in allen Apotheken verkauft; der Brunnenbesitzer Behm aber hatte so viel davon getrunken, dass er bald an Erschöpfung starb.

FAKTEN: Dass Wasser mit einem hohen Gehalt an Mineralien heilend wirken kann, wusste man schon lange vor der Entdeckung des Gesundbrunnens. Um ihn herum entwickelte sich allmählich eine Siedlung, die heute ein Ortsteil des Berliner Stadtbezirks Mitte ist. Das Kurbad verfiel zu Beginn des 19. Jahrhunderts; 1808 wurde es teilweise renoviert und nach der beliebten Königin Luisenbad genannt. In den noch erhaltenen Gebäuden befindet sich heute eine öffentliche Bibliothek. Die Mineralquelle wurde 1882 beim Bau der Kanalisation der Badstraße aus Versehen zugeschüttet. Dass Apotheker Behm zu viel vom eigenen Wasser getrunken haben soll, ist eine Legende; er starb 1780 im Alter von zweiundsiebzig Jahren.

Kiekemal

In einem alten Berliner Lied heißt es: »Icke, dette, kieke mal, Oogen, Fleesch und Beene, wenn de mir nicht lieben tust, lieb ick mir aleene.« Das ist Mundart – die damalige Sprechweise der Menschen –, aber heute reden nur noch wenige Berliner so. Dabei klingt es doch viel lustiger als: »Ich, das, guck mal, Augen, Fleisch und Beine, wenn du mich nicht liebst, dann lieb ich mich alleine.«

Noch weniger Berliner wissen, dass es einmal eine Ortschaft gegeben hat, die Kiekemal hieß. Sie wurde 1753 gegründet. Wie sie zu ihrem Namen kam, erzählt die folgende Geschichte: In den beiden Schlesischen Kriegen hatte Friedrich II. zwar gesiegt und große Gebiete erobert, aber viele seiner Soldaten waren gefallen. Das klingt so harmlos, als wären sie nur hingefallen und könnten jederzeit wieder aufstehen, doch sie waren und blieben tot. Vor dem Krieg hatten sie als Bauern die Felder bestellt oder als Handwerker nützliche Dinge hergestellt. Nun fehlten ihre Arbeitskräfte und beruflichen Erfahrungen. Also lud Friedrich Familien aus anderen Ländern ein, nach Preußen zu ziehen. Manchmal wurden sogar ganze Dörfer neu errichtet. Eines davon entstand am Müggelsee und wurde nach dem König benannt: Friedrichshagen. Dort sollten genau hundert Familien eine neue Heimat finden, doch es kamen drei Familien mehr als geplant. Wohin mit diesen Leuten, die eine so lange Reise auf sich genommen hatten? Man konnte sie doch nicht wieder wegschicken.

Der König ging also mit den drei Vätern durch den Wald in Richtung Mahlsdorf, da entdeckte er eine schöne, von Büschen und Bäumen umstandene Lichtung. »Na, kiek er mal! Das wird wohl noch langen für euch«, sagte er und lachte. So entstand an dieser Stelle die Ortschaft Kiekemal.

FAKTEN: Eine lustige Geschichte – doch der Name Kiekemal stand wohl schon von Anfang an fest. Verantwortlich für die Siedler, die sich in dieser Gegend niederließen, war ein Kriegs- und Domänenrat – so nannte man preußische Verwaltungsbeamte – aus Köpenick namens Pfeiffer. »Kiekemahl« erwähnte er bereits 1752 in einem Dokument. In späteren Notizen schrieb er auch Kikenmal, Kikenmahl, Kieckemahl oder Kükemahl. Die letztgenannte Schreibung könnte auf eine geplante Hühnerzucht hinweisen.

Vielleicht meinte der Name auch nur, dass die winzige Ortschaft als das Küken von Mahlsdorf, des am nächsten gelegenen Ortes, betrachtet wurde. Sie bestand nämlich nur aus fünf Wohnhäusern mit Ställen und Scheunen.
Heute ist die Siedlung verschwunden, die Grundstücke wurden neu bebaut. Nur die Grundschule »Kiekemal« in Mahlsdorf-Süd erinnert mit ihrem Namen an die drei Familien aus Plattenhardt in Württemberg, die hier ihr Glück suchten.

Der Simson

König Friedrich II. hatte den Siebenjährigen Krieg zwar glücklich gewonnen, aber dabei das Land fast ruiniert. Eine Lotterie sollte helfen, wieder Geld in die Staatskasse zu bekommen.

In der Wallstraße 25 wohnte damals ein armer Schuhmacher, der nichts besaß als die Dinge, die er für seinen Beruf benötigte. Von seinem letzten Geld kaufte er ein Los – doch wohin damit? Er hatte Kinder, die oft herumtobten und den Zettel vielleicht beschmiert oder weggeworfen hätten. Deshalb klebte er ihn mit

seinem Schusterpech, das er für die Fertigung der Schuhe verwendete, an die Innenseite der Haustür.

Dann wurde der Hauptgewinn gezogen – er fiel auf das Los des Schuhmachers! Was sollte er nun machen? Der Zettel klebte ja fest an der Tür. So blieb ihm nichts anderes übrig, als die Tür auszuhängen und sie auf dem Rücken zum Lotteriegebäude zu tragen, um seinen Gewinn abzuholen. Sicher haben ihn die Leute unterwegs ausgelacht, aber er bekam viel Geld, konnte sein Haus neu einrichten und seinen Kindern Geschenke machen.

Zur Erinnerung an dieses Glück ließ er über seinem Hauseingang das Bild eines Mannes anbringen, der eine Tür trägt.

FAKTEN: An dem Haus in der Wallstraße 25 gab es früher tatsächlich das seltsame Bild eines Türträgers. Reisende Kaufleute hatten etwas Ähnliches in der Stadt Stendal gesehen. Dort nannte man den Türträger Simson, nach dem starken Mann aus der Bibel, der einst das Stadttor von Gaza auf einen Berg getragen haben soll. Also übernahmen die Berliner diese Bezeichnung.

Warum sich das Bild vom Simson dort befand? Vielleicht, weil man in dem Haus Nummer 25 früher die Türhaken des alten Köpenicker Stadttores aufbewahrte, das abgerissen wurde, als die Stadtmauer zu eng geworden war. So genau weiß das aber niemand zu sagen.

99 Schafsköpfe

Im 18. Jahrhundert war der Ort, der heute Alexanderplatz heißt, ein Viehmarkt vor den Toren der Stadt. Ein Kaufmann hatte sich einige Verdienste erworben, deshalb ließ König Friedrich II. dort ein schönes neues Haus für ihn bauen.

Der Nachbar des Kaufmanns, der in dem verfallenen ehemaligen Gasthof »Zum Hirschen« wohnte, meinte nun, er habe als Lieferant für das Heer ebenso viel geleistet wie der Kaufmann, und wandte sich mit einer Bittschrift an den König.

Wider Erwarten bewilligte Friedrich II. den Bau eines weiteren Hauses aus der Steuerkasse und erschien 1770 sogar zur Einweihung. Der Hausherr war aber gar nicht glücklich. Das Haus sei zwar stattlich und habe am Giebel einen goldenen Hirsch, sei aber ansonsten doch recht schmucklos ausgefallen – so beschwerte er sich beim König.

Friedrich war empört wegen dieser Unverschämtheit, hielt sich aber zurück. Er versprach, das Haus noch angemessen verschönern zu lassen. Handwerker rückten an, und als die Gerüste abgenommen wurden, zierten 99 Schafsköpfe die Fassade.

Der Hausherr war erbost, zumal die Nachbarn über diesen Hausschmuck lachten. Er schrieb an den König, er möge ihm doch weitere Verschönerungen bewilligen.

Friedrich II. antwortete unmissverständlich: »Wenn Ihm die 99 Schafsköpfe nicht genügen, so lege Er sich ins Fenster, dann sei das Hundert voll!«

FAKTEN: Das Haus mit der ungewöhnlichen Gestaltung stand noch bis 1927 am Alexanderplatz, dann wurde es abgerissen. In Wirklichkeit stellten die Schafsköpfe gehörnte Widderköpfe dar, die an den Viehmarkt erinnern sollten. Wer wissen will, wie sie aussahen, kann sie sich im Berliner Stadtmuseum anschauen. Dort werden einige der Schafsköpfe aufbewahrt.

Der Lohn des Himmels

Schon im 13. Jahrhundert gab es vor den Toren Berlins ein Hospital, das nach dem heiligen Georg benannt war. Dazu gehörte auch eine Kapelle. In der Umgebung siedelten sich einige hundert Familien an, also wurde aus der Kapelle im Jahr 1689 schließlich eine Kirche mit einem eigenen Prediger.

Am Ende des 18. Jahrhunderts beschloss man, an derselben Stelle eine neue, größere Kirche zu bauen. Dazu wurde Geld gesammelt, aber man freute sich noch mehr, wenn Handwerker ihre Arbeiten kostenlos leisteten. Als die neue Georgenkirche am 29. Oktober 1780 geweiht wurde, kamen alle Gemeindemitglieder sowie die beteiligten Handwerker und ihre Familien. Der Prediger dankte allen, die geholfen hatten, die neue Kirche zu erbauen, und erwähnte besonders die Glaser. Sie hatten die Fenster eingesetzt, ohne Geld dafür zu nehmen; dadurch konnte die Gemeinde achthundert Taler sparen. Zum Schluss meinte der Prediger, dass der Himmel eine solch gute Tat sicher belohnen werde.

Ein paar Tage später zog ein starkes Unwetter auf. Es war ein Herbststurm, wie ihn Berlin lange nicht erlebt hatte. Der Wind bog die Bäume und brach Äste und Zweige ab. Regen peitschte herab und setzte die Straßen unter Wasser. Am schlimmsten aber war der Hagelschauer, der gegen Abend einsetzte und Tausende Fensterscheiben zerschmetterte. In den folgenden Wochen hatten die Glaser alle Hände voll zu tun. Als sie sich vor Weihnachten trafen, zapften sie ein großes Fass Bier an und feierten, denn der Himmel hatte sie wahrhaft beschenkt – sie hatten an den zerschlagenen Fensterscheiben viel mehr Geld verdient als die achthundert Taler, auf die sie verzichtet hatten!

FAKTEN: Hier kann man nachvollziehen, wie eine Sage entstanden ist: Ende Oktober wurde die Kirche geweiht, Anfang November setzte das übliche Herbstwetter ein, bei dem Fensterscheiben zu Bruch gingen. Man erinnerte sich nun an die Worte des Predigers, der den Lohn des Himmels vorausgesagt hatte, und stellte eine göttliche Verbindung zwischen den beiden Ereignissen her. So wurde eine Sage daraus. Die 1780 errichtete Georgenkirche wurde 1894 abgerissen und bis 1898 durch einen größeren Neubau mit einem einhundertundfünf Meter hohen Turm ersetzt. Im Zweiten Weltkrieg fielen so viele Bomben auf die Georgenkirche, dass sie 1950 abgerissen werden musste. Heute erinnert nur noch die Georgenkirchstraße am Volkspark Friedrichshain an das einstige Gotteshaus.

Spuk in Tegel

Im Frühjahr 1797 erzählte die Witwe des Oberförsters Schulz, als sie bei Bekannten zum Tee eingeladen war, dass es im Forsthaus spuke. Es poltere nachts im Flur, und sie habe auch eine weiß verschleierte Gestalt um die Ecke schweben gesehen. Als man sie fragte, seit wann sich denn diese Erscheinungen bemerkbar machten, antwortete sie: »Seit ich im Winter den jungen Mann abgewiesen habe, der meine Tochter heiraten wollte.«

Die Geschichte machte die Runde, und tagsüber erschienen immer mehr Leute an der Försterei, um sich das Spukhaus anzusehen. Das wurde auch in Berlin bekannt, und gelehrte Herren machten sich auf den Weg nach Tegel, um den Poltergeist zu erforschen. Doch sie kamen zu keinem Ergebnis, denn als sie wieder weg waren, spukte es weiter.

Inzwischen war es Herbst, und die Witwe Schulz hatte kein schönes Leben mehr. Nachts lief das Gespenst durchs Haus, und tagsüber ließen ihr die Gaffer keine Ruhe, die alles ganz genau wissen wollten. In das Haus gehört wieder ein Mann, dachte sie. Da fiel ihr der Junge ein, der so verliebt in ihre Tochter gewesen war. Sie fragte ihn, ob er das Mädchen noch heiraten wolle. Er sagte Ja – und von diesem Tag an hörte das Poltern auf. Der Geist wurde nie wieder gesehen.

FAKTEN: Was ist dran an dem Spuk? Leser von heute sagen sofort: Alles klar, der junge Mann hat ihn selbst veranstaltet und sein Ziel ja auch erreicht. Aber damals war das nicht so einfach. Die Leute kannten ja den Hintergrund nicht, und früher glaubten viele Menschen, dass es Geister gäbe. Doch es war auch die Zeit der Aufklärung, das heißt, kluge Leute wollten alles wissenschaftlich ergründen und auch scheinbar Unerklärliches erforschen. Deshalb meldete Oberforstmeister Friedrich August Ludwig von Burgsdorff (1747–1802) der »Gesellschaft Naturforschender Freunde zu Berlin«, dass es in Tegel spuke.

Am 13. September und am 2. Oktober 1797 saßen tatsächlich die Naturforscher im Gästezimmer der Försterei. Jeweils um Mitternacht hörten sie Geräusche auf dem Flur, wo eine große eiserne Truhe stand. Am 13. September klemmte die Zimmertür, sodass sie nicht schnell genug auf den Flur gelangen konnten, um den Geist zu erwischen. Am 2. Oktober aber hatten sie mehr Glück: Sie sahen zwar niemanden, entdeckten aber auf der Truhe ein Stück Holz, das mit einer Schnur umwickelt war. Also hatte jemand mit dieser »Fernbedienung« das Poltern in der Truhe erzeugt.

Damit galt der Fall als aufgeklärt. Er wäre sicherlich in Vergessenheit geraten, wenn nicht einer der berühmtesten Männer jener Zeit, der Dichter Johann Wolfgang Goethe (1749–1832), den Spuk in Tegel in seinem Drama »Faust« spöttisch erwähnt hätte:

»Ihr seid noch immer da! Nein, das ist unerhört.
Verschwindet doch! Wir haben ja aufgeklärt!
Das Teufelspack, es fragt nach keiner Regel.
Wir sind so klug, und dennoch spukt's in Tegel.«

So hat sich diese Geschichte durch Goethes Theaterstück bis heute erhalten.

Die Prinzessin im Stein

Im königlichen Lustgarten von Berlin wurde im Jahr 1828 eine riesige, aus einem einzigen Granitblock gehauene Schale aufgestellt. Das war ein großes Ereignis, zu dem Tausende von Gästen kamen.

Bald hieß es, dass in der Vollmondnacht nach dem Johannistag ein Schloss in dem Becken erscheine. Dort tanze und singe eine Prinzessin mit ihrem Hofstaat. Wer an der Schale vorbeikomme, könne ein flackerndes Licht sehen und leise Musik hören. An der Stelle, wo man den Granitblock für das Becken zwei Jahre zuvor aus einem von zwei riesigen Steinen gehauen hatte, soll nämlich einst ein Schloss gestanden haben. Darin wohnte eine Prinzessin, die auf den Prinzen wartete, der sie heiraten wollte. Doch ein Riese, der in der Gegend lebte, hatte sich in sie verliebt und vertrieb alle jungen Männer. Als er um ihre Hand anhielt und sie ihn abwies, wurde er zornig und verwandelte das Schloss und dessen Bewohner in zwei riesige Granitsteine.

Als der Stein für das Becken abgespalten worden war, hatten die Arbeiter einen Seufzer gehört – die verwunschene Prinzessin war schnell hineingeschlüpft, um nach Berlin zu gelangen und vielleicht doch noch erlöst zu werden. Dazu musste in der Johannisnacht ein Jüngling zu ihr kommen, der einen gelben Specht und einen schwarzen Kranich bei sich trug.

Man hat die Prinzessin schon seit vielen Jahrzehnten nicht mehr singen hören. Vielleicht hat sie ihren Prinzen gefunden. Oder aber der Zauber ist erloschen, denn die Schale ist durch Krieg und Frost beschädigt worden und längst nicht mehr so schön, wie sie einmal war.

FAKTEN: Das Becken für den königlichen Lustgarten hat einen Durchmesser von 6,91 Metern – und sieht aus wie eine gewaltige Obstschale. Es ist aus einem etwa fünfundsiebzig Tonnen schweren Granitblock von dem größeren der beiden sogenannten Markgrafensteine abgespalten worden, die in den Rauenschen Bergen bei Fürstenwalde liegen.

Der Stein wurde über die Spree nach Berlin transportiert, auf einem vierzig Meter langen und fünf Meter breiten eigens dafür gebauten hölzernen Schiff. Fast zwei Jahre hatte es gedauert, das Becken mittels Dampfkraft in die richtige Form und die Oberfläche auf Hochglanz zu bringen. Durch die Politur des Beckens kam es damals zu eigenartigen Spiegelungen und Reflexen – so war es nicht schwer, die Gestalt einer Prinzessin darin zu erkennen. Die Granitschale steht heute vor dem Alten Museum im Lustgarten.

Keine Sagen mehr

Man erzählt sich, dass Berlin von 1961 bis 1989 durch eine Mauer geteilt gewesen sei. Es stimmt zwar, dass die Stadt geteilt war – aber nicht durch eine Mauer, sondern, wie Bauexperten feststellten, durch einen Zaun. Die Grenzanlage bestand nämlich vor allem aus Pfosten und Betonplatten und nicht aus Mauersteinen.

Als die Stadt geteilt war, gab es vieles zweimal: zwei Rathäuser, zwei Bürgermeister und so weiter. Der Ostteil Berlins war zur Hauptstadt der Deutschen Demokratischen Republik erklärt worden. Dort wollte man alles besser machen als im Westen. Man benötigte dringend einen Fernsehturm, und der sollte natürlich – ätsch – viel größer sein als der einhundertsiebenundvierzig Meter hohe Funkturm auf dem Messegelände in Westend.

So sollte der von 1964 bis 1969 errichtete Fernsehturm zwischen Alexanderplatz und Marienkirche mit dreihundertachtundsechzig Metern das höchste Bauwerk Deutschlands werden. Man war sehr stolz darauf und berichtete oft von den Bauarbeiten.

Am 1. April 1965 soll sich dabei Folgendes ereignet haben: Bei einer Ostberliner Tageszeitung warteten zwei Mitarbeiter auf den Redaktionsschluss. Das war der Zeitpunkt, an dem die Zeitung fertiggestellt und in die Druckerei gegeben wurde. Der ältere musste dringend weg und wies den jüngeren an, die letzte freie Stelle in der Zeitung mit der Meldung über die Grabungen zum Bau des Fernsehturms zu füllen. Falls jedoch noch eine andere Mitteilung eingehen würde, sollte er entscheiden, welches Thema wichtiger wäre. Dann eilte er davon.

Kurz darauf kam eine Meldung herein, dass man bei Ausgrabungen in Etrurien Kupferdrähte gefunden habe und man die Etrusker daher wohl als Erfinder der Telegrafie bezeichnen dürfe.

Der junge Mann überlegte, was nun wichtiger wäre. Dann entschied er sich, beide Meldungen zusammenzufassen, und schrieb: »Archäologen haben in Etrurien Kupferdrähte gefunden, die alten Etrusker gelten nun als Erfinder der Telegrafie. Bei den Ausgrabungen zum Bau unseres neuen Fernsehturms wurden keine Drähte gefunden. Deshalb können wir die alten Berliner als die Erfinder der drahtlosen Telegrafie betrachten.«

Glücklicherweise kam der ältere Redakteur gerade noch rechtzeitig zurück, um den Druck dieser Meldung zu verhindern. Sie hätte am 2. April 1965 in der Zeitung gestanden und für ein sagenhaftes Gelächter gesorgt.

FAKTEN: Irgendwann war die Zeit der Sagen und mündlichen Überlieferungen vorbei. Wenn etwas passierte, las man in der Zeitung davon. Was wichtig war, wurde in Geschichtsbüchern festgehalten. Später kamen Radio, Fernsehen und Internet dazu und sorgten dafür, dass sich Nachrichten noch schneller verbreiteten. Für fast alles, was man nicht sofort erklären kann, gibt es heute Wissenschaftler und Experten. Manchmal schleichen sich aber doch Fehler, Gerüchte oder sogar Aprilscherze ein – woraus wiederum neue Geschichten entstehen.

Autor und Illustratorin

DER AUTOR: Erik Gloßmann, geboren 1961, arbeitet als Verlagsvertreter, Publizist und Übersetzer. Er ist Mitglied des Kulturhistorischen Vereins Friedrichshagen e.V., Herausgeber des Brandenburgischen Hausbuchs, Autor des Kleinen Potsdam ABCs, einer Fürst-Pückler-Biografie und vieler Artikel zur berlin-brandenburgischen Kulturgeschichte.

DIE ILLUSTRATORIN: Christa Unzner studierte Grafik-Design in Berlin. Seit 1982 ist sie freischaffende Illustratorin und hat über 100 Bücher, zumeist Kinderbücher, illustriert, die in viele Sprachen übersetzt wurden. Nach mehreren Jahren in Lateinamerika lebt und arbeitet sie jetzt in Berlin und in Südfrankreich.